FRAGMENTS FROM GRAECO-JEWISH WRITERS

FRAGMENTS FROM
GRAECO-JEWISH WRITERS

COLLECTED AND EDITED
WITH BRIEF INTRODUCTIONS AND NOTES
BY
WALLACE NELSON STEARNS, Ph.D.

WIPF & STOCK · Eugene, Oregon

Wipf and Stock Publishers
199 W 8th Ave, Suite 3
Eugene, OR 97401

Fragments from Graeco - Jewish Writers
By Stearns, Wallace Nelson
ISBN 13: 978-1-60899-605-6
Publication date 4/8/2010
Previously published by University of Chicago, 1908

PREFACE

The purpose of this brief collection is to present in easily accessible form the fragments of a few Palestinian writers whose literary remains are not common property.

The text is Heinichen's, with references to those of Dindorf and Gaisford. Some authoritative example had to be adopted, and unfortunately the series now being prepared by the Berlin Academy is not sufficiently advanced to render service at this time. For the same reason recourse is had to Klotz's edition of Clement. Departures from these texts are recorded in the notes except in the matter of punctuation, where the texts of Dindorf and Gaisford are often followed, the punctuation of Heinichen seeming unnecessarily heavy.

The brief chapters which follow explain themselves and the character of the helps used is sufficiently indicated in the notes. No effort has been made to be exhaustive; only what seemed necessary for clearness has been given. The problem throughout has been one of exclusion.

I wish to express my appreciation of the kindness of the publishers, whose skill and painstaking care have rendered invaluable service.

TABLE OF CONTENTS

BIBLIOGRAPHY

Christ, Wilhelm = *Geschichte der griechischen Littera-
tur bis auf die Zeit Justinians.* 4th ed. Munich,
1905.

Clement of Alexandria = *Stromata.* See Klotz.

Cohn, Leopold, and Wendland, Paul = *Philonis Alex-
andrini opera quae supersunt.* 5 vols. Published
Berlin, 1896–.

Eusebius: See *Heinichen,* and *Gifford.*

Gaisford, Thomas = *Eusebii Pamphili evangelicae
praeparationis libri xv.* 4 vols. Oxford, 1843.

Gifford, E. H. = *Eusebii Pamphili evangelicae prae-
parationis libri xv.* Eng. trans. 2 vols. Oxford,
1903.

Heinichen, Frederick Adolphus = *Eusebii Pamphili
praeparationis evangelicae libri xv.* 2 vols. Leipzig,
1842–43. Also *Historiae ecclesiasticae libri x,* and
Vita Constantini et panegyricus 3 vols. Leip-
zig, 1868–70.

Klotz, Reinhold = *Titi Flavi Clementis Alexandrini
operum omnium,* etc. 4 vols. Leipzig, 1831–34.

Krumbacher, Karl = *Geschichte der byzantinischen
Litteratur von Justinian bis zum Ende des oströmi-
ischen Reiches.* 2d ed. Munich, 1897.

Müller, Karl = *Fragmenta historicorum graecorum.*
Vol. III. Paris, 1883.

Niese, Benedict = *Flavii Josephi opera.* 6 vols. and
index. Berlin, 1887–94.

Schürer, Emil = *Geschichte des jüdischen Volkes im
Zeitalter Jesu Christi.* 3d and 4th eds. 3 vols.
Leipzig, 1898–1907. Eng. trans. of 1st ed. New
York, 1891.

1

Susemihl, Franz = *Geschichte der griechischen Littera-tur in der Alexandrinerzeit.* 2 vols. Leipzig, 1891–92.

Swete, Henry Barclay = *The Old Testament in Greek according to the Septuagint.* 2d ed. 4 vols. Cambridge, 1896–1901.

Vigerus, Franciscus, societatis Jesu presbyter = *Notae in libros Eusebii de praeparatione evangelica.* With translation into Latin. See Gaisford.

Wilamowitz-Moellendorff, U. v. = *Die griechische Lit-teratur u. Sprache.* Berlin u. Leipzig, 1907.

INTRODUCTION

In passing directly from the great classical authors to the writings of the New Testament, the student is liable to misconception. Losing sight of the great interval between these two remote periods, he either makes too free use of the material from the earlier writers as illustrative of the later, or regards the New Testament as something altogether unique.

Between the classical period and the Christian era lie centuries of literary development and linguistic change. Authors, secular and sacred, are to be interpreted, as far as possible, in the light of contemporary literature. Then will biblical writers take their places, not as anomalies, but as members in a historical series.

Further, to abide by the standards of ancient Greek and disregard the large body of Graeco-Jewish writers—both the translators from other tongues and first-hand authors—is to increase the possibilities of error.

Recent critical work on the Septuagint has added infinitely to exegetical facilities, and the recent finds in Egypt have further extended our critical apparatus.

To the above must be added the considerable list of writers who, oriental in spirit and manner of thinking, yet found their expression through the medium of their universal tongue. Those whose collected works have survived need no mention here. The purpose of the present work is to gather up from the early Christian literature scattered fragments of writers otherwise forgotten.

The triumph of Macedon made a profound impression on the ancient world. Extending from the Adriatic to the Hyphasis and from the Jaxartes to Ethiopia, Macedon surpassed all earlier empires in extent and power. Outward forms perished with the founder, but more enduring than these were the silent forces set in motion which gradually permeated all classes and peoples. Wherever Alexander passed with his armies there followed Greek colonists. The result was a compromise. The Greek triumphed but he became in a measure a captive of the civilization in which he was placed.

The mingling of Greek and native elements produced somewhat different results in different parts of the empire.[1] Thus while Polybius, and Plutarch two and a half centuries later, reflects the current Greek as it was used in Greece and Asia Minor, a different type appeared where Greek

---

[1] Droysen, *Gesch. d. Hellenismos*, IV, pp. 298 ff.; Mahaffy, *Progress of Hellenism in Alexander's Empire*; Niese, *Gesch. d. griechischen u. makedonischen Staaten*, I, pp. 186 ff., 199 ff.; Deissmann, in Herzog, *Realencyklopädie*[3], VII, pp. 629 ff.; Schürer, II, pp. 18 ff.; Jebb, in Vincent and Dixon, *Handbook to Modern Greek*, Appendix.

and oriental met and blended, as in Syria and Egypt, though probably there were not such dialectic differences as would prevent a resident of one country from intelligently reading the literature of another. That the diffusion of Greek did not root out native tongues is apparent from the occasional cropping-out of the native vernacular.[1]

The name usually given to these Graeco-oriental dialects is Hellenistic Greek.[2] In its larger sense the term applies to the results obtained by blending Greek and native elements and dates from the Diadochi. Even in Greece changes were going on, though there have ever been scholars, like Diogenes of Halicarnassus and Lucian, who have stood for the revival of the ancient tongue. But linguistic changes are born of the people: the critical expert is little more than a retarding influence.

Learning and letters were quite generally diffused throughout the empire. Even from the Decapolis beyond the Jordan there came Meleager, Menippus, and, later, Philodemus, and Theodorus the tutor of Tiberius.[3] Then as ever, how-

[1] Ctesias (Photius, *Bibl.*, lxxii, pp. 106 ff.), *Ac.*, 2, 9; 14, 6.

[2] In its narrower sense restricted to the literature produced by Greek-speaking Jewish populations. Cf. J. H. Moulton, *Grammar-Proleg.*, chap. ii; Schürer, III, pp. 345 ff.; Swete, *Introd. to the O. T. in Greek*, chap. iv.; Niese, *Gesch. d. gr. u. mak. Staaten*, III, pp. 220 ff. Mahaffy, *Greek Life and Thought*, p. 111; Wilamowitz-Moellendorff, *Griechische u. lateinische Literatur u. Sprache*, 2d ed., pp. 83 ff.

[3] Strabo, xvii, 2, 29; Schürer, II, pp. 31 ff., esp. pp. 40 ff.; Smith, *Historical Geography of the Holy Land*, pp. 607 ff.; Murray, *Ancient Greek Literature*, pp. 388 ff.

ever, men sought the great centers of life and scholars grouped themselves about academic cities such as Athens, Pergamum, and Alexandria.

Among these cities Alexandria was easily first, giving its name, indeed, to the history and literature of the period. The city was well situated to become a metropolis. Located on the coast, adjacent to the Canopic branch of the Nile, with two excellent harbors and roadsteads protected from the heavy swells of the sea, Alexandria became a haven for all navies.[1] Cyrene, Crete, and Cyprus were about equidistant from Alexandria, and the markets of the world were easily accessible. Through this emporium passed all nations and classes. Here the grain of Egypt found a market, and here centered the markets of the country, and in a measure of the world. Here the munificence of the Ptolemies was lavished in splendid architecture, libraries, and museums. Here gathered many of the finest scholars of the period, as Callimachus, Apollonius, and Theocritus, and their presence imparted to the spot almost supernatural charm. Alexandria sums up the Hellenism of the last centuries before Christ.[2]

Under Attalus I (241–197 B. C.) and his sons Pergamum became a center of learning. Scholars

[1] The spot was a favorite haunt for pirates before it became a center for civilized life: Strabo, xvii, 1, 6; Mahaffy, *History of Egypt*, p. 256, map; *Greek Life and Thought*, chap. ix; *Odyssey*, iv, 351 ff.

[2] Christ, *Gesch. d. griechischen Literatur*, pp. 512 ff.; Mahaffy, *History of Egypt*, pp. 60 ff.; Pliny, *N. H.*, xiii, 21; *Dionysius de Dinarcho*, i.

busied themselves with the natural sciences and with grammatical and exegetical studies, but Pergamum did not produce an Aristarchus or an Eratosthenes.

Athens continued to be a literary center. There was no commerce. Loss of political freedom practically put an end to political ambitions. There were left the traditions of an old university town. Hither resorted scholars who maintained in a measure the literary prestige of the city. Menander relates that he declined an invitation from the reigning Ptolemy to remove to Alexandria.[1]

Under Antigonus Gonatas (277–239 B. C.) of Macedonia Pella became a home for poets and philosophers. Here lived Aratus and Alexander Aetolus. The Stoics Zeno and Persaius found here a welcome.

Other notable cities were Antioch on the Orontes, Rhodes, the adopted home of Apollonius Rhodius, and Tarsus, later the home of the apostle Paul.

Palestine felt the impulse to literary activity. The Dispersion scattered Jews to all parts of the known world, thousands of them settling in Egypt, first in the wake of Alexander and later attracted by the munificence of the Ptolemies.[2] Living in a foreign country, these Alexandrian Jews, and

[1] Alciphron, *Letters*, ii, 3.

[2] Josephus, *Antt.*, XIV, vii, 2: αὕτη δ' εἰς πᾶσαν πόλιν ἤδη καὶ παρελή-λυθεν καὶ τόπον οὐκ ἔστι ῥᾳδίως εὑρεῖν τῆς οἰκουμένης. Cf. Mahaffy, *Greek Life and Thought*, chap. xxi.

especially their descendants, became less and less familiar with the language of their fatherland. Even the sacred books gradually became strange. A translation was necessary, and under royal patronage became a fact. The Septuagint dates from *ca.* 275 to *ca.* 150 B. C.[1] But in Palestine itself literature lived. By *ca.* 100 B. C. the Old Testament canon was closed, but the Greek period was a literary era. Men wrote chronicles, historical sketches, poetry, and moral dissertations. A few of these books were included in the canon, as: Esther, Chronicles, Ezra, Nehemiah, Ecclesiastes. A number of them were not accorded canonicity and have come down in a separate collection, as the historical books of Maccabees; the Wisdom Book, Ecclesiasticus; and less pretentious efforts of Tobit, Judith, Wisdom of Solomon, and brief appendixes to various canonical books.[2]

Prophecy gradually died out, and in its stead rose the apocalyptic writers. Of these last a number of works are yet extant: Daniel, and Psalms of Solomon. A number of writings of this class date from the Christian era (as Assumption of Moses, Secrets of Enoch, Baruch, IV Ezra, XII Patriarchs).[3]

The closing years of the pre-Christian era marked on epoch of triumphant Hellenism in

---

[1] Swete, *Introduction to the Old Testament in Greek*, chap. i.

[2] I Macc. 4:46; 9:27; 14:41; Mathews, *Messianic Hope in the New Testament*, pp. 22 f.; Schürer, III, pp. 139 ff., 167 ff.

[3] Schürer, III, pp. 186 ff.

CHRONOLOGICAL TABLE OF AUTHORS

Horizontal axis (century scale): B.C. 300 — 200 — 100 — 0 — A.D. 100 — 200 — 300. Vertical axis marked in decades (90, 80, 70, 60, 50, 40, 30, 20, 10 | 10, 20, 30, 40, 50, 60, 70, 80, 90, 100).

B.C. 300	200	100	0	A.D. 100	200	300
Megasthenes, H	Hermippus, Ph; Polemon Periegetes, H		Artemidorus, Ge	Pliny (Jr.), Epp.; Polycarp; Papias		Tertullian; Symmachus
Posidippus, P; Zenodotus, G; Alexander Aetolus, P; Berosus, H	SEPTUAGINT	Scymnus, Ge	PHILO JUDAEUS, Ph		Suetonius, H	
Timon, Ph; Theocritus, P	Phylarchus, H	Alexander Polyhistor, H; Geminus, Astr.; I Maccabees (history); Posidonius, Ph		Quadratus; Arrian, H; Aquila; Aulus Gellius, G		Hippolytus; Origen
Livius Andronicus, P; Aratus, P; Apollodorus, P	ARISTOBULUS, Ph	Cicero; Philodemus, P	Apoc. Lit., Jew. and Chrn.; Chaeremon (?), H; Seneca, Ph	Basilides; Didache (Manual) (?); Aristides		
Callimachus, P	Polybius, H	Meleager, P; Jul. Caesar, H; Lysimachus (?), H	Apion (?), G	Marcion (Homily); Hermas (Homily); Justin; Appian, H; Valentinus; Herodes Atticus, Rhet.		Plotinus, P
Herondas, P	Terence, P; Crates of Mallus, G; Aristarchus, G; Eupolemus, H; Moschus, P		Paul			
	Bion, P; Jason, H; Apollodorus, G	Didymus, G	[Syn. optic Gospels; Bk. of Acts; Johannine; Lit.]	Pausanias, Travels, Topogr.; Marcus Aurelius, Ph; Herodian, G; Lucian, P		Longinus, P
Eratosthenes, Ph	Artapanus (?), H	Diodorus Siculus, H				
Euphorion, P	Aristeas (?), H	Parthenius, P		Tatian; Theodotion; Irenaeus; Melito; Celsus, X; Hegesippus, H		Hesychius (?)
Archimedes, M		Virgil, P	Pliny (Sr.), H; Josephus, H			
Apollonius Rhodius, P; Demetrius, H; Aristophanes, G	Hipparchus, M; Philo (?), P	Dionysius of Halicarnassus, H; Apollonius Molo, H; Horace, P; Didymus, G	Plutarch	Minucius Felix	Porphyry, Ph	
Plautus, P; Satyrus, Ph	Theodotus (?), P; Nicander, P; Ezekiel (?), P	Titus Livius, H	Barnabas (?)	Dio Cassius, H		
Athenaeus, Eng.; Alexander of Aparodisias, Ph	Malchus (?), H; Antipater, Ph	Nicolaus Damascenus, H	Clement of Rome; Ignatius	Clement of Alexandria, Ph; Athenaeus, H		Lactantius; Eusebius, H

* B. C. ca. 200—A. D. 350 (Charles); B. c. 165—A. D. late second century (Torrey); B. c. ca. 167—A. D. close third century or later (Schürer. GJV.³, III, p. 444).

Palestine. Herod the Great (37–4 B. C.) gave full play to his Grecizing tendencies. "World culture" could not wholly break down the barrier of Jewish religion, nevertheless Judaism did not escape the touch of Hellas. It was not, however, a literary period. It was in more material forms that Herod's tastes found expression—as in architecture, administration, coinage; theaters, gymnasia, inns, public baths; trades and industry; music and games. There must come another régime, a new factor must enter in before the voice of Judaism, for a time silent, should once more find expression.

The accompanying table shows the relative distribution of literary activity over the general period of the writers included in the present essay. The several names appear in each instance at about the date of the writer's floruit. Although many of them achieved note in more than one field of scholarship, only one line of authorship is noted in each case: in a few instances—e. g., the Christian writers—such designation is not attempted.

For the sake of conciseness the following symbols appear:

G = Grammarian; Ge = Geographer; P = Poet; Ph = Philosopher; M = Mathematician; H = Historian.

Jewish writers—small caps; Christian writers—blackfaced type; Greek non-Christian writers—italics; Latin non-Christian writers—plain type; Opponents of Christianity marked—X

EUSEBIUS AND THE *PRAEPARATIO EVANGELICA*

Eusebius (A. D. *ca.* 265 to *ca.* 340) was a pupil of the Caesarean scholar Pamphilus whom he succeeded as bishop of that see; a friend and a biographer of the emperor Constantine; and the greatest of the early church historians.

He was a voluminous writer, historical, biographical, doctrinal, exegetical, and apologetic. In his time Christianity found some doughty antagonists, and against these Eusebius put up a stubborn defense.

Best known of all his apologetic writings, and scarcely less so than his *Church History*, are the *Preparation for the Gospel* and the *Demonstration of the Gospel*, which two treatises really form a comprehensive whole. The former work, in fifteen books, has come down to us entire; of the latter, in twenty books, only the first ten and an extract from the fifteenth are extant.

The *Praeparatio* really constitutes an introduction to the *Demonstratio*, the former seeking to show forth the wisdom of the Christians in transferring their allegiance from the Greek philosophy and their religion to the Hebrew Scriptures; the latter showing from the Hebrew Scriptures themselves that the Christians could not stop even with this, but must adopt a different form of worship and manner of life. The former has been styled an apology against the Greeks, the latter against the Hebrews.

The introduction to the fifteenth book of the *Praeparatio* gives the author's summary of his own work. We give so much as pertains to the *Praeparatio* itself:

In the beginning of the *Praeparatio Evangelica* we have taken special pains in explanation and defense of our repudiation of them, to set forth clearly the diverse and vain speculations of all gentile folk concerning their gods. Which defense we have conducted judiciously and with discrimination, inquiring into the myths of these peoples touching the persons of the gods. Indeed the successors of their theologians and poets have held up these very stories to ridicule.

And not only so, we have investigated their pompous and inexpressible attempts at natural science[1]—speculations transferred, forsooth, to heavenly realms and remote corners of the universe. All this I have treated in the first three books. It would not have been at all to the point, however, in this treatise to enter upon any personal discussions of the theologians themselves.

It must be noted that for the most part their earliest theologians, possessed of no knowledge save as history served them, rested their statements on the myths only. Whence, as might be expected, there have been transmitted in all cities and villages mysteries and initiatory rites. And these ceremonies agree with the tales about

[1] The early thinkers of the Greeks are styled *physiologers* rather than scientists. Their aim was to determine from which of the elements the world proceeded. See Erdmann, *Geschichte der Philosophie*, §§ 20 f.

the ancient gods because they follow the mythical narratives of these earlier writers. So that even at the present day, agreeably with the traditions of the ancients, there are accepted stories of divine marriages and procreations, wailings and drunken carousals of the gods; the wanderings of some, the amours of others. Some of the divinities indulge in wild orgies; others experience all manner of vicissitudes and incidents. And all this the people, as I said, practice in conformity with the hymns and odes composed about the gods. I have, further, shown up from these same prolific sources, the declarations of the physiologers, the ribaldries of the sophists, and the garrulous statements of the philosophers.

In books four to six I have aired the story about the reputed oracles and the falsehoods told about their being decreed by fate. And this have I done, not relying on my own authority but in the course of my refutation making use of the "ipsissima verba" of the Greek philosophers.

Passing thence to the Hebrew oracles, I have presented with equal fulness as the preceding, the arguments underlying their teaching on things divine; given some idea of their historic significance; and cited the testimony of the Greeks thereto. I have followed this with an exposé of the Greeks' method of procedure, how they have profited on every point from the "barbarians," and how they provide of themselves no worthy branch of learning. I have further made a comparison of the two peoples for the period comprising the Greek oracles and the Hebrew prophets.

In the next three books I have considered the views of the leading Greek philosophers as to the worth of the Hebrew scholars, quoting in evidence the exact language of the men cited. And what is more, I included those of the Greek philosophers who are less known among us and even among their own country-men, even such as well-known writers have not included in their treatises. To these more obscure ones I have devoted the fourteenth book of the *Praeparatio.*

Through the entire discussion I have maintained a standard of judgment free from bias and petty preju-dices, and in act and action, as the saying is, I have attested my definite purpose. It has been my aim by wise and well-balanced discussions to reach the conclu-sion of accepting the true and equally ancient philos-ophy of the Hebrews by comparing it with and proving its superiority over that of the Greeks. Which very result was reached by the digest of the opinions of the Greek scholars and writers.[1]

The *Praeparatio* reveals a marvelous acquaint-ance with classical authors, of whom some would have been unknown except for Eusebius. From Plato alone, it is computed, he cites twenty-one works and from the *Laws* alone he makes more than fifty quotations.[2] Like Clement of Alexandria, Eusebius provides a rich quarry for the classicists, Scaliger speaking of the *Praeparatio* as "divini commentarii," and Cave styling it "opus perfecte nobilissimum."

The passages that concern our present task occur chiefly in the ninth book of the *Praeparatio.* Most of the passages considered in this volume relate to incidents in Israel's history, but in a few instances appears Eusebius' purpose to show the

[1] *Praeparatio Evangelica,* xv, 1-7.
[2] See the *Praeparatio.*

prior claims of the Hebrews to credit for the several branches of learning. Thus, from Eupolemus we learn that the alphabet originated in Israel and passed thence via Phoenicia to Greece. Likewise the Babylonians learned magic from one of the progenitors of the Hebrew people. And Aristobulus traces in Plato dependence upon Hebrew legislation.[1]

[1] See Lightfoot, in Smith and Wace's *Dictionary of Christian Biography*, II, pp. 329 ff.; Harnack, *Chronologie*, II, pp. 106-27, esp. 119 f.; McGiffert, *Nicene Fathers*, I, pp. 32 ff.

I. HISTORY

DEMETRIUS

That the literary activity of Demetrius fell in the reign of Ptolemy IV, B. C. 222–205, seems evident from a fragment preserved by Clement of Alexandria.[1]

The Graeco-Jewish character of Demetrius' writings shows in his labored and punctilious chronology.[2] Surviving fragments of his book, Περὶ τῶν ἐν τῇ ᾽Ιουδαίᾳ βασιλέων,[3] are concerned with the history of Jacob,[4] the descent of Zipporah, wife of Moses, from Abraham and Keturah,[5] the waters of Marah,[6] and the chronology from the captivity to the reign of Ptolemy IV. Unfortunately such

---

[1] Str., I, xxi, 141: ἀφ᾽ οὗ δὲ αἱ φυλαὶ αἱ δέκα ἐκ Σαμαρείας αἰχμάλωτοι γεγόνασιν ἕως Πτολεμαίου τετάρτου ἔτη πεντακόσια ἐβδομήκοντα τρία μῆνας ἐννέα, ἀφ᾽ οὗ δὲ ἐξ ᾽Ιεροσολύμων ἔτη τριακόσια τριάκοντα ὀκτὼ μῆνας τρεῖς. I. e., 573–338 = 235 years. But 721 (Samaria fell)-586 (Jerusalem fell)= 135 years.

Many conjectures have been made here, for Clement's figures are clearly wrong. The most likely place for error to creep is in the initial syllables of τριακόσια τριάκοντα. Changing τριάκοντα to ἐξήκοντα, we have 586=218 (B. C.), which brings us in the reign of Ptolemy IV, 721–573=148; 218–148=70, the traditional length of the exile.

Omit ἐβδομήκοντα, the remaining difficulty, and we have 721–503 = 586–368=218.

A similarly hopeless tangle occurs in Jos., B. J., VI, iv, 8. The Jewish writers were not skilful chronologers.

[2] Josephus (Ag. Apion, i, 23) wrongly confounds him with Demetrius of Phalerum in Attica, who, coming under the displeasure of his subjects, withdrew to Alexandria where he lived about twenty years. Ptolemy II exiled him to a province of upper Egypt where he died, B. C., 282, a suicide.

[3] Clement, I, xxi, 141.

[4] Eusebius, IX, xxi.   [5] Ibid., IX, xxix, 1–3.   [6] Ibid., IX, xxix, 15.

quotations as are extant have been worked over so
that the excerpts have less interest except
historically.

SOURCES: Eusebius, ix, 21, 29; Clement, i, 21, 141.
REFERENCES: Schürer, III, pp. 349 ff; Susemihl, II,
pp. 646 f.; Christ, p. 668; Müller, III, p. 214.

FRAGMENT 1

Jacob, fleeing Esau's wrath, goes to Haran
where he marries the daughters of his uncle
Laban.   He returns to Canaan with all his posses-
sions and dwells there.   Driven by famine, Israel
goes down into Egypt whither his son Joseph has
preceded him.   Genealogy down to Moses.

Δημήτριός φησι τὸν Ἰακὼβ γενόμενον ἐτῶν ἐβ-
δομήκοντα πέντε φυγεῖν εἰς Χαρρὰν τῆς Μεσοπο-
ταμίας, ἀποσταλέντα ὑπὸ τῶν γονέων διὰ τὴν πρὸς
τὸν ἀδελφὸν κρυφίαν ἔχθραν Ἡσαῦ, διὰ τὸ εὐλογῆ-
5 σαι αὐτὸν πατέρα δοκοῦντα εἶναι τὸν Ἡσαῦ, καὶ
ὅπως λάβῃ ἐκεῖθεν γυναῖκα. ἀφορμῆσαι οὖν τὸν
Ἰακὼβ εἰς Χαρρὰν τῆς Μεσοποταμίας, τὸν μὲν πα-
τέρα καταλιπόντα Ἰσαὰκ ἐτῶν ἑκατὸν τριάκοντα
ἑπτά, αὐτὸν δὲ ὄντα ἐτῶν ἑβδομήκοντα ἑπτά. δια-
10 τρίψαντα οὖν αὐτὸν ἐκεῖ ἑπτὰ ἔτη Λάβαν τοῦ
μητρῴου δύο θυγατέρας γῆμαι, Λείαν καὶ Ῥαχὴλ,
ὄντα ἐτῶν ὀγδοήκοντα τεσσάρων· καὶ γενέσθαι
ἐν ἑπτὰ ἔτεσιν ἄλλοις αὐτῷ παιδία ιβ΄· ὀγδόῳ μὲν
ἔτει μηνὶ δεκάτω Ῥουβίν· καὶ τῷ ἔτει δὲ τῷ ἐνάτῳ
15 μηνὶ ὀγδόῳ Συμεών· καὶ τῷ ἔτει δὲ τῷ δεκάτῳ
μηνὶ ἕκτῳ Λευίν· τῷ δὲ ἑνδεκάτῳ ἔτει, μηνὶ τετάρτῳ,

Ἰούδαν. Ῥαχὴλ τε μὴ τίκτουσαν ζηλῶσαι τὴν
ἀδελφὴν, καὶ παρακοιμίσαι τῷ Ἰακὼβ τὴν ἑαυτῆς
παιδίσκην Ζελφὰν, τῷ αὐτῷ χρόνῳ ᾧ καὶ Βάλλαν
20 συλλαβεῖν τὸν Νεφθαλεὶμ, τῷ ἑνδεκάτῳ ἔτει, μηνὶ
πέμπτῳ, καὶ τεκεῖν τῷ δωδεκάτῳ ἔτει, μηνὶ δευτέρῳ
υἱὸν, ὃν ὑπὸ Λείας Γὰδ ὀνομασθῆναι· καὶ ἐκ τῆς
αὐτῆς τοῦ αὐτοῦ ἔτους καὶ μηνὸς δωδεκάτου ἕτερον
τεκεῖν, ὃν καὶ αὐτὸν προσαγορευθῆναι ὑπὸ Λείας
25 Ἀσήρ. καὶ Λείαν πάλιν ἀντὶ τῶν μήλων μανδρα-
γόρου ἃ Ῥουβὶν εἰσενεγκεῖν παρὰ Ῥαχὴλ, συλλα-
βεῖν ἐν γαστρὶ, καὶ τῷ αὐτῷ χρόνῳ τὴν παιδί-
σκην αὐτῆς Ζελφὰν, τῷ δωδεκάτῳ ἔτει, μηνὶ τρίτῳ,
καὶ τεκεῖν τοῦ αὐτοῦ ἔτους μηνὸς δωδεκάτου υἱὸν
30 καὶ ὄνομα αὐτῷ θέσθαι Ἰσσαχάρ. καὶ πάλιν
Λείαν τῷ τρισκαιδεκάτῳ ἔτει, μηνὶ δεκάτῳ, υἱὸν
ἄλλον τεκεῖν, ᾧ ὄνομα Ζαβουλὼν, καὶ τὴν αὐτὴν
τῷ τεσσαρεσκαιδεκάτῳ ἔτει, μηνὶ ὀγδόῳ, τεκεῖν υἱὸν
ὄνομα Δάν. ἐν ᾧ καὶ Ῥαχὴλ λαβεῖν ἐν γαστρὶ
35 τῷ αὐτῷ χρόνῳ, ᾧ καὶ Λείαν τεκεῖν θυγατέρα Δείναν,
καὶ τεκεῖν τῷ τεσσαρεσκαιδεκάτῳ ἔτει μηνὶ ὀγδόῳ
υἱὸν, ὃν ὀνομασθῆναι Ἰωσὴφ, ὥστε γεγονέναι ἐν
τοῖς ἑπτὰ ἔτεσι τοῖς παρὰ Λάβαν δώδεκα παιδία.
θέλοντα δὲ τὸν Ἰακὼβ πρὸς τὸν πατέρα εἰς
40 Χαναὰν ἀπιέναι, ἀξιωθέντα ὑπὸ Λάβαν ἄλλα ἔτη
ἐξ μεῖναι, ὥστε τὰ πάντα αὐτὸν μεῖναι ἐν Χαρρὰν
παρὰ Λάβαν ἔτη εἴκοσι. πορευομένῳ δὲ αὐτῷ
εἰς Χαναὰν ἄγγελον τοῦ θεοῦ παλλεῦσαι, καὶ
ἅψασθαι τοῦ πλάτους τοῦ μηροῦ τοῦ Ἰακὼβ, τὸν
45 δὲ ναρκήσαντα ἐπισκάζειν· ὅθεν οὐκ ἐσθίεσθαι
τῶν κτηνῶν τὸ ἐν τοῖς μηροῖς νεῦρον. καὶ φάναι

αὐτῷ τὸν ἄγγελον ἀπὸ τοῦδε μηκέτι Ἰακὼβ,
ἀλλ᾽ Ἰσραὴλ ὀνομασθήσεσθαι. καὶ ἐλθεῖν
αὐτὸν τῆς Χαναὰν γῆς εἰς ἑτέραν πόλιν Σικίμων,
50 ἔχοντα παιδία Ῥουβὶν ἐτῶν ιβ΄ μηνῶν δυοῖν,
Συμεῶνα ἐτῶν ια΄ μηνῶν τεσσάρων, Λευὶν ἐτῶν
δέκα μηνῶν ἐξ, Ἰούδαν ἐτῶν θ΄ μηνῶν ὀκτὼ, Νεφ-
θαλεὶμ ἐτῶν ὀκτὼ μηνῶν δέκα, Γὰδ ἐτῶν ὀκτὼ
μηνῶν δέκα, Ἀσὴρ ἐτῶν ὀκτὼ, Ἰσσαχὰρ ἐτῶν
55 ὀκτὼ, Ζαβουλὼν ἐτῶν ἑπτὰ μηνῶν δυοῖν, Δείναν
ἐτῶν ἐξ μηνῶν τεσσάρων, Ἰωσὴφ ἐτῶν ἐξ μηνῶν
τεσσάρων. παροικῆσαι δὲ Ἰσραὴλ παρὰ Ἐμμὼρ
ἔτη δέκα, καὶ φθαρῆναι τὴν Ἰσραὴλ θυγατέρα
Δείναν ὑπὸ Συχὲμ τοῦ Ἐμμὼρ υἱοῦ, ἐτῶν οὖσαν
60 δεκαὲξ μηνῶν τεσσάρων. ἐξαλλομένους δὲ τοὺς
Ἰσραὴλ υἱοὺς, Συμεῶνα μὲν ὄντα ἐτῶν εἴκοσι ἑνὸς
μηνῶν τεσσάρων, Λευὶν δὲ ἐτῶν εἴκοσι μηνῶν ἐξ,
ἀποκτεῖναι τόν τε Ἐμμὼρ καὶ Συχὲμ τὸν υἱὸν αὐτοῦ
καὶ πάντας τοὺς ἄρσενας διὰ τὴν Δείνας φθοράν·
65 Ἰακὼβ δὲ τότε εἶναι ἐτῶν ἑκατὸν ἑπτά. ἐλθόντα
δ᾽ οὖν αὐτὸν εἰς Λουζὰ τῆς Βαιθὴλ, φάναι τὸν θεὸν
μηκέτι Ἰακὼβ, ἀλλ᾽ Ἰσραὴλ ὀνομάζεσθαι. ἐκεῖ-
θεν δὲ ἐλθεῖν εἰς Χαφραθὰ, ἔνθεν παραγενέσθαι εἰς
Ἐφραθὰ, ἣν εἶναι Βηθλεὲμ, καὶ γεννῆσαι αὐτὸν
70 ἐκεῖ Βενιαμὶν, καὶ τελευτῆσαι Ῥαχὴλ, τεκοῦσαν τὸν
Βενιαμὶν, συμβιῶσαι δ᾽ αὐτῇ τὸν Ἰακὼβ ἔτη εἴκοσι
τρία. αὐτόθεν δὲ ἐλθεῖν τὸν Ἰακὼβ εἰς Μαμβρὶ
τῆς Χεβρὼν πρὸς Ἰσαὰκ τὸν πατέρα. εἶναι δὲ τότε
Ἰωσὴφ ἐτῶν δεκαεπτὰ, καὶ πραθῆναι αὐτὸν εἰς Αἴ-
75 γυπτον, καὶ ἐν τῷ δεσμωτηρίῳ μεῖναι ἔτη δεκατρία,
ὥστ᾽ εἶναι αὐτὸν ἐτῶν τριάκοντα, Ἰακὼβ δὲ ἐτῶν

ἑκατὸν δέκα, ἐν ᾧ καὶ τελευτῆσαι τὸν Ἰσαὰκ ἔτει
ἑνὶ ἔμπροσθεν, ἐτῶν ὄντα ἑκατὸν ὀγδοήκοντα. κρί-
ναντα δὲ τῷ βασιλεῖ τὸν Ἰωσὴφ τὰ ἐνύπνια ἄρξαι
80 Αἰγύπτου ἔτη ἑπτά, ἐν οἷς καὶ συνοικῆσαι Ἀσενὲθ,
Πεντεφρῆ τοῦ Ἡλιουπόλεως ἱερέως θυγατρὶ, καὶ
γεννῆσαι Μανασσῆν καὶ Ἐφραῒμ, καὶ τοῦ λιμοῦ
ἐπιγενέσθαι ἔτη β΄. τὸν δὲ Ἰωσὴφ ἔτη ἐννέα
εὐτυχήσαντα πρὸς τὸν πατέρα μὴ πέμψαι, διὰ τὸ
85 ποιμένα αὐτόν τε καὶ τοὺς ἀδελφοὺς εἶναι· ἐπονεί-
διστον δὲ Αἰγυπτίοις εἶναι τὸ ποιμαίνειν. ὅτι δὲ
διὰ τοῦτο οὐκ ἔπεμψεν αὐτὸν δεδηλωκέναι. ἐλθόν-
των γὰρ αὐτοῦ τῶν συγγενῶν, φάναι αὐτοῖς, ἐὰν
κληθῶσιν ὑπὸ τοῦ βασιλέως καὶ ἐρωτῶνται τί δια-
90 πράσσονται, λέγειν κτηνοτρόφους αὐτοὺς εἶναι. δια-
πορεῖσθαι δὲ, διὰ τί ποτε ὁ Ἰωσὴφ Βενιαμὶν ἐπὶ
τοῦ ἀρίστου πενταπλασίονα μερίδα ἔδωκε, μὴ
δυναμένου αὐτοῦ τοσαῦτα καταναλῶσαι κρέα. τοῦτο
οὐκ αὐτὸν πεποιηκέναι διὰ τὸ ἐκ τῆς Λείας τῷ πατρὶ
95 αὐτοῦ γεγονέναι υἱοὺς ἑπτά, ἐκ δὲ Ῥαχὴλ τῆς μη-
τρὸς αὐτοῦ δύο· διὰ τοῦτο τῷ Βενιαμὶν πέντε
μερίδας παραθεῖναι καὶ αὐτὸν λαβεῖν δύο· γενέσθαι
οὖν ἑπτά, ὅσας καὶ τοὺς ἐκ τῆς Λείας υἱοὺς λαβεῖν.
ὡσαύτως δὲ καὶ ἐπὶ τοῦ τὰς στολὰς δοῦναι ἑκάστῳ
100 διπλᾶς, τῷ δὲ Βενιαμὶν πέντε καὶ τριακοσίους
χρυσοῦς, καὶ τῷ πατρὶ δὲ ἀποστεῖλαι κατὰ ταὐτὰ
ὥστε τὸν οἶκον αὐτοῦ τῆς μητρὸς εἶναι ἴσον. οἰκῆ-
σαι δὲ αὐτοὺς ἐν γῇ Χαναὰν, ἀφ' οὗ ἐκλεγῆναι
Ἀβραὰμ ἐκ τῶν ἐθνῶν καὶ μετελθεῖν εἰς Χαναὰν,
105 Ἀβραὰμ ἐτῶν εἴκοσι πέντε, Ἰσαὰκ ἐτῶν ἑξήκοντα,
Ἰακὼβ ἐτῶν ἑκατὸν τριάκοντα γίνεσθαι τὰ πάντα

ἔτη ἐν γῇ Χαναὰν σιέ. καὶ τῷ τρίτῳ ἔτει λιμοῦ
οὔσης ἐν Αἰγύπτῳ, ἐλθεῖν εἰς Αἴγυπτον τὸν Ἰακὼβ,
ὄντα ἐτῶν ἑκατὸν τριάκοντα, Ῥουβὶν ἐτῶν μέ,
110 Συμεῶνα ἐτῶν μδ΄, Λευὶν ἐτῶν μγ΄, Ἰούδαν ἐτῶν
μβ΄ μηνῶν τριῶν, Ἀσὴρ ἐτῶν μ΄ μηνῶν ὀκτὼ,
Νεφθαλεὶμ ἐτῶν μα΄ μηνῶν ζ΄, Γὰδ ἐτῶν μα΄ μηνῶν
γ΄, Ζαβουλὼν ἐτῶν μ΄, Δείναν ἐτῶν λθ΄, Βενιαμὶν
ἐτῶν κη΄. τὸν δὲ Ἰωσήφ φησι γενέσθαι ἐν Αἰ-
115 γύπτῳ ἔτη λθ΄. εἶναι δὲ ἀπὸ τοῦ Ἀδὰμ ἕως τοῦ
εἰσελθεῖν εἰς Αἴγυπτον τοὺς τοῦ Ἰωσὴφ συγγενεῖς
ἔτη ͵γχκδ΄. ἀπὸ δὲ τοῦ κατακλυσμοῦ ἕως τῆς
Ἰακὼβ παρουσίας εἰς Αἴγυπτον ἔτη ͵ατξ΄· ἀφ' οὗ
δὲ ἐκλεγῆναι Ἀβραὰμ ἐκ τῶν ἐθνῶν καὶ ἐλθεῖν ἐκ
120 Χαρρὰν εἰς Χαναὰν ἕως εἰς Αἴγυπτον τοὺς περὶ
Ἰακὼβ ἐλθεῖν ἔτη σιέ. Ἰακὼβ δὲ ἐκ Χαρρὰν
πρὸς Λάβαν ἐλθεῖν ἐτῶν ὄντα π΄, καὶ γεννῆσαι
Λευίν· Λευὶν δὲ ἐν Αἰγύπτῳ ἐπιγενέσθαι ἔτη
ιζ΄, ἀφ' οὗ ἐκ Χαναὰν αὐτὸν ἐλθεῖν εἰς Αἴγυπτον,
125 ὥστε εἶναι αὐτὸν ἐτῶν ξ΄, καὶ γεννῆσαι Κλὰθ,
τελευτῆσαι Ἰακὼβ ἐν Αἰγύπτῳ, εὐλογήσαντα
τοὺς Ἰωσὴφ υἱοὺς, ὄντα ἐτῶν ρμζ΄, καταλιπόντα
Ἰωσὴφ ἐτῶν νϛ΄. Λευὶν δὲ γενόμενον ἐτῶν ρλζ΄
τελευτῆσαι, Κλὰθ δὲ ὄντα ἐτῶν μ΄ γεννῆσαι Ἀμρὰμ,
130 ὃν ἐτῶν εἶναι ιδ΄ ἐν ᾧ τελευτῆσαι Ἰωσὴφ ἐν Αἰ-
γύπτῳ ὄντα ρι΄ ἐτῶν· Κλὰθ δὲ γενόμενον ἐτῶν
ἑκατὸν λγ΄ τελευτῆσαι. Ἀμρὰμ λαβεῖν γυναῖκα
τὴν τοῦ θείου θυγατέρα Ἰωχαβὲτ, καὶ ὄντα ἐνιαυ-
τῶν οέ γεννῆσαι Ἀαρὼν καὶ Μωσῆν· γεννῆσαι δὲ
135 Μωσῆν τὸν Ἀμρὰμ ὄντα ἐτῶν οη΄, καὶ γενόμενον
Ἀμρὰμ ἐτῶν ρλϛ΄ τελευτῆσαι.   —Eus., ix, 21

2. Χαρράν: Demetrius has confounded two incidents here; the flight to Haran (Gen., chap. 29) to escape from Esau, and the migration to Egypt (Gen. 46:27).

3. διὰ . . . . πρός: *because of the secret personal enmity of his brother Esau.*

4. Gen., chap. 28, διὰ τὸ εἰλ. . . . . . καὶ ὅπως κτλ. . . . . . cause and purpose depending on ἀποσταλέντα; GGr., 1365, 8; BMT., 197.

8. Isaac died at the age of 180 years; Gen. 35:28 (185, Jos., *Antt.*, I, xxii); he lived until Jacob's return from Haran (Gen. 35:27), but died soon after; Jos., *Antt.*, I, xxii; Jacob was in Haran 20 years (Gen. 31:38). Dates and ages in the patriarchal period are at best conjectural.

9. ἐτῶν: GGr., 1085[5].

10. He has confounded his sources; cf. Gen. 31:38.

13. ιβ′; cf. Gen. 32:22; Benjamin was born in Canaan, Gen. 35:18, Jos., *Antt.*, i, xxi, 3. Cf. ll. 109 ff. below.

19. Βάλλαν: see LXX, Gen. 35:21; Bilhah, Gen. 30:8.

23. τ. . . . . ἔτους: GGr., 1136.

25. Gen. 30:14.

26. So Gaisford. Heinichen—'Ραχὴλ· συλλαβεῖν καὶ τὴν παιδίσκην Ζελφὰν τῷ αὐτῷ χρόνῳ.

36. See 9 above.

42. Cf. Gen. 32:31 ff.; Jos., *Antt.*, I, xx, 2.

43. παλλεῦσαι: Dindorf and Gaisford here read, παλαῖσαι.

48. 'Ισραήλ: this term appears in the Old Testament (1) as the name of an individual, Gen. 32:28; 43:8 ff.; (2) the name of an entire people, Judg. 18:1; I Kings, chap. 4, and often; (3) the Northern Kingdom; cf. I Kings 14:19, and often.

60. Gen., chap. 34: Demetrius shares with the later Jewish historians generally the characteristic punctiliousness in details.   Cf. here on the priestly document in the Hexateuch, Driver, *Introduction to the Literature of the Old Testament*[7], p. 130.

66. Λουζὰ τῆς Βαιθήλ: Gen. 35:6, LXX, ἥ ἐστιν Βαιθήλ. Demetrius has mistaken the second name as that of a district in which Luz was situated.

67. He has Gen. 35:10 in mind here.

68. Χαρραθά: The translation of the Torah was naturally very literal.   Often the translators translated and also transliterated; cf. LXX, I Sam. 6:8: ἐν θέματι βερεχθάν, where the Hebrew בָאַרְגַּז is first translated and then transliterated.

72. Μαμβρί: Mamre was Hebron; Gen. 35:27, where LXX reads αὕτη ἐστὶν Χεβρών.

78. The writer's perspective is a little vague, though he uses different sources (35:28 from P, 37:2–11 from E— two of the great documents underlying the Hexateuch).

81. Gen. 41:45, 50; 46:20; Jos., *Antt.*, II, vi, 1.   LXX identifies this priest with the Potiphar who purchased Joseph, Gen. 39:1, Πετεφρῆς; so also the *Testament of Joseph*, § 18: καὶ θυγατέρα κυρίων μου ἔλαβον εἰς γυναῖκα.

82. καὶ τοῦ λιμοῦ, κτλ.: GGr. 1136; but see Gen. 41:19, Jos., *Antt.*, II, vi, 1.

87. ἔπεμψεν: GMT., 689[3].

88. ἐάν, κτλ.: GMT., 689[2], GGr., 1497, BMT., 351.

90. διαπορεῖσθαι: i. e., Demetrius.

92. πενταπλασίονα: Gen. 43:34.   Jos., *Antt.*, II, vi, 6, says double, διπλασίοισι μοίραις.   ἐπὶ τ. ἀρίστου: "the meal was at noon" (Gen. 43:25), or in the evening, Jos., *Antt.*, II, vi, 7, ἐπὶ δεῖπνόν.

95. Demetrius attempts to harmonize: to Benjamin he assigns the fivefold portion of Old Testament, to Joseph the double given to Benjamin by Josephus. Fanciful interpretation follows.   δύο: Heinichen and Gaisford here read μίαν, but note, "sensus et ἀκολουθία postulat δύο."   So Vigerus marg.

99 f. Gen. 45:21 ff.

101. Another embellishment, Gen. 45:21, silver, traceable to LXX which reads: χρυσοῦς for בֶּסֶף.

ταῦτά, i. e., in the same proportion.

125. Gen., chap. 48: see Driver in Hastings, *Bibl. Dictionary*, II, p. 532, col 2.

125. Κλαθ: Kohath, I Chron. 6:1.

FRAGMENT 2

Moses, after the death of the Egyptian, fled to Midian and there married Zipporah, a descendant of Abraham and Keturah.

Δημήτριος δὲ περὶ τῆς ἀναιρέσεως τοῦ Αἰγυ-
πτίου καὶ τῆς διαφορᾶς τῆς πρὸς τὸν μηνύσαντα
τὸν τελευτήσαντα ὁμοίως τῷ τὴν ἱερὰν βίβλον
γράψαντι ἱστόρησε. φυγεῖν μέντοιγε τὸν Μωσῆν
5 εἰς Μαδιὰν καὶ συνοικῆσαι ἐκεῖ τῇ Ἰοθὸρ θυγατρὶ
Σεπφώρᾳ, ἣν εἶναι, ὅσα στοχάζεσθαι ἀπὸ τῶν
ὀνομάτων, τῶν γενομένων ἐκ Χεττούρας, τοῦ
Ἀβραὰμ γένους, ἐκ τοῦ Ἰεζὰν τοῦ γενομένου
Ἀβραὰμ ἐκ Χεττούρας· ἐκ δὲ τοῦ Ἰεζὰν γενέσθαι
1 Δαδὰν, ἐκ δὲ Δαδὰν Ῥαγουὴλ, ἐκ δὲ Ῥαγουὴλ
Ἰοθὸρ καὶ Ἀβὰβ, ἐκ δὲ τοῦ Ἰοθὸρ Σεπφώραν, ἣν
γῆμαι Μωσῆν. καὶ τὰς γενεὰς δὲ συμφωνεῖν· τὸν
γὰρ Μωσῆν εἶναι ἀπὸ Ἀβραὰμ ἔβδομον, τὴν δὲ
Σεπφώραν ἕκτην. συνοικοῦντος γὰρ ἤδη τοῦ
15 Ἰσαὰκ, ἀφ᾽ οὗ Μωσῆν εἶναι, γῆμαι Ἀβραὰμ τὴν
Χεττούραν ὄντα ἐτῶν ρμʹ, καὶ γεννῆσαι Ἰσαὰρ ἐξ
αὐτῆς δεύτερον· τὸν δὲ Ἰσαὰκ, ὄντα ἐτῶν ἑκατὸν,
γεννῆσαι, ὥστε μβʹ ἐτῶν ὕστερον γεγονέναι τὸν
Ἰσαὰρ, ἀφ᾽ οὗ τὴν Σεπφώραν γεγενεαλογῆσθαι.

20 οὐδὲν οὖν ἀντιπίπτει, τὸν Μωσῆν καὶ τὴν Σεπφώραν
κατὰ τοὺς αὐτοὺς γεγονέναι χρόνους. κατοικεῖν δ'
αὐτοὺς Μαδιὰμ πόλιν, ἣν ἀπὸ ἑνὸς τῶν 'Αβραὰμ
παίδων ὀνομασθῆναι. φησὶ γὰρ τὸν 'Αβραὰμ τοὺς
παῖδας πρὸς ἀνατολὰς ἐπὶ κατοικίαν πέμψαι· διὰ
25 τοῦτο δὲ καὶ 'Ααρὼν καὶ Μαριὰμ εἰπεῖν ἐν 'Ασηρὼθ
Μωσῆν Αἰθιοπίδα γῆμαι γυναῖκα.

—Eus., ix, 29

1. τ. Αἰγυπτίου: cf. Exod. 2:11 ff.

10. 'Ραγουήλ, κτλ.: The chronology here is confused.
The Old Testament gives two traditions:

(J) Reuel		(E)	Jethro (Reuel)	
Hobab (Jethro)				
Zipporah = Moses		Hobab	Zipporah = Moses	

On the former cf. Num. 10:29; Judg. 1:16, 4:11. On
Exod. 2:18, where LXXA reads 'Ιοθόρ for Reuel, see
Driver, *Introduction to the Literature of the Old
Testament*, p. 22. On the latter cf. Exod. 3:1; 4:18.
For explanation of the double name, Jethro-Reuel, see
Jos., *Antt.*, II, xii, 1. For Jewish legend see *Jewish
Encycl.*, IX, p. 48. Demetrius follows the former chronol-
ogy, Josephus the latter (*Antt.*, III, iii, 1; V, ii, 3).

11. 'Αβάβ: Hobab here erroneously made a brother
of Jethro, see above. Similarly Num. 10:29 should
probably be translated Hobab ben Reuel.

13. ἕβδομον: An error, for Demetrius' own statement
reads:

Sarah = Abraham = Keturah	
Isaac	Jokshan
(Jacob)	Dedan
(The Twelve)	Reuel
(Amram)	Jethro
Moses	Zipporah

Text should read ἔκτον; cf. γένεας—δυμφωνεῖν above; also ll. 23 f.

23. ὀνομασθῆναι: cf. Jos., *Antt.*, II, xi, 1.

25. ᾿Ασηρώθ—Assyria. LXX: εἰς γῆν ἀνατολῶν. For Assyria LXX reads ᾿Ασσούρ, Gen. 10:11. Αἰθιοπίδα— γυναῖκα, cf. Jos., *Antt.*, II, x, 2.

FRAGMENT 3

The bitter waters (of Marah) became sweet when (Moses) at the divine command cast therein a bit of wood. Twelve springs and a palm grove were found at Elim.

᾿Εκεῖθεν ἦλθον ἡμέρας τρεῖς, ὡς αὐτός τε ὁ Δη-
μήτριος λέγει, καὶ συμφώνως τούτῳ ἡ ἱερὰ βίβλος.
μὴ ἔχοντα δὲ ὕδωρ ἐκεῖ γλυκύ, ἀλλὰ πικρὸν, τοῦ
θεοῦ εἰπόντος, ξύλον τι ἐμβαλεῖν εἰς τὴν πηγὴν,
5 καὶ γενέσθαι γλυκὺ τὸ ὕδωρ. ἐκεῖθεν δὲ εἰς ᾿Ελεὶμ
ἐλθεῖν καὶ εὑρεῖν ἐκεῖ δώδεκα μὲν πηγὰς ὑδάτων,
ἑβδομήκοντα δὲ στελέχη φοινίκων.

—Eus., ix, 29

2. This story is given in Exod. 15:22 ff.

FRAGMENT 4

The tribes of Judah, Benjamin, and Levi were carried into captivity, not by Sennacherib, but by Nebuchadrezzar.

Δημήτριος δέ φησιν ἐν τῷ περὶ τῶν ἐν τῇ ᾿Ιουδαίᾳ
βασιλέων τὴν ᾿Ιούδα φυλὴν καὶ Βενιαμεὶν καὶ Λευὶ
μὴ αἰχμαλωτισθῆναι ὑπὸ τοῦ Σεναχηρεὶμ, ἀλλ᾿
εἶναι ἀπὸ τῆς αἰχμαλωσίας ταύτης εἰς τὴν ἐσχάτην

5 ἣν ἐποιήσατο Ναβουχοδονόσορ ἐξ Ἱερουσολύμων
ἔτη ἑκατὸν εἴκοσι ὀκτὼ μῆνας ἕξ.

—CLEM., i, 2¹, 141

3. Σεναχηρείμ: king of Assyria, B. C. 705–681. The fall of Samaria was actually consummated in the reign of Sargon II, B. C. 722–705.

5. Nebuchadrezzar: king of Babylon, B. C. 605–562.

6. ἔτη, κτλ.: i. e., from the fall of Samaria, B. C. 721, to the first captivity of Jerusalem, B. C. 596, in fact 125 years.

EUPOLEMUS

Eupolemus, of whom we know but little, lived in the reign of Demetrius I of Syria, B. C. 162–150.[1] He may be the Eupolemus on the embassy sent by Judas Maccabaeus to Rome, B. C. 143, to secure a league with that power.[2] He was probably a Jew.[3] His work on the kings in Judea (Περὶ τῶν ἐν τῇ Ἰουδαίᾳ βασιλέων),[4] more readable than that of Demetrius, is marked by considerable additions to the biblical narrative. Eupolemus delights to show the superiority of Hebrew wisdom over that of Greece.

SOURCES: Eusebius, ix, 17, 26 (cf. Clement, i, 23, 153), 30–34 (cf. Clement, i, 21, 130), 39.

REFERENCES: Schürer, III, pp. 351 ff.; Susemihl, II, p. 648; Christ, p. 668; Müller, III, pp. 221 ff.

FRAGMENT 1

Moses was the first wise man; he was the first to teach the Jews the use of an alphabet; from them the Phoenicians learned it, later transmitting it to the Greeks.

[1] Clement, i, 21, 153: ἄχρι τοῦ πέμπτου ἔτους Δημητρίου.

[2] I Macc. 8:17: καὶ ἐπέλεξεν Ἰούδας τὸν Εὐπόλεμον υἱὸν Ἰωάννου.

[3] Eusebius, H. E., VI, xiii, 7, Praep. Ev., ix, 42; Jerome, De viris illustribus, 38; Josephus, Ag. Apion, i, 23.

[4] Clement, i, 23, 153.

Εὐπόλεμος δέ φησι τὸν Μωσῆν πρῶτον σοφὸν
γενέσθαι, καὶ γράμματα παραδοῦναι τοῖς 'Ιουδαίοις
πρῶτον, παρὰ δὲ 'Ιουδαίων Φοίνικας παραλαβεῖν,
"Ελληνας δὲ παρὰ Φοινίκων, νόμους τε πρῶτον
5 γράψαι Μωσῆν τοῖς 'Ιουδαίοις.

—Eus., ix, 26 (= Clem., i, 23, 153)

1. Μωσῆν: Clement, Μωϋσῆ.
2. γράμματα: Clem., γραμματικήν (sc. τέχνην).
4f. Omit Clem., νόμους . . . . 'Ιουδαίοις. Not the least
interesting feature of Hellenism was the blending of
occidental and oriental ideas. It was not merely a con-
tact of schools of thought but of widely different bents
of mind. In the case of the latter there was a religious
tendency, while the former showed a speculative turn.
A shining example of the former is Plutarch, A. D. 50–120;
of the latter are Aristobulus, B. C. *ca.* 160, and Philo,
B. C. 25–A. D. 39+. Aristobulus (acc. to Eus., vii, 14, 15;
xiii, 12): δεῖ γὰρ λαμβάνειν τὴν θείαν φωνὴν οὐ ῥητὸν λόγου,
ἀλλ' ἔργων κατασκευὰς, καθὼς καὶ διὰ τῆς νομοθεσίας ἡμῖν
ὅλην τὴν γένεσιν τοῦ κόσμου θεοῦ λόγους εἴρηκεν ὁ Μωσῆς.
. . . . δοκοῦσι δέ μοι περιειργασμένοι πάντα, κατηκολουθηκέναι
τούτῳ Πυθαγόρας τε καὶ Σωκράτης καὶ Πλάτων, κτλ.

FRAGMENT 2

After being governed for a time by prophets
Israel has a king. David extends the kingdom,
establishes friendly relations, builds an altar; and
is succeeded by his son Solomon.

Εὐπόλεμος δέ φησιν ἔν τινι περὶ τῆς 'Ιλίου
προφητείας, Μωσῆν προφητεῦσαι ἔτη μ'· εἶτα
'Ιησοῦν τὸν τοῦ Ναυῆ υἱὸν, ἔτη λ'· βιῶσαι δ' αὐτὸν

ἔτη ρι΄, πῆξαί τε τὴν ἱερὰν σκηνὴν ἐν Σηλοῖ. μετὰ
5 δὲ ταῦτα προφήτην γενέσθαι Σαμουήλ. εἶτα τῇ
τοῦ θεοῦ βουλήσει ὑπὸ Σαμουὴλ Σαοῦλον βασιλέα
αἱρεθῆναι, ἄρξαντα δὲ ἔτη κα΄ τελευτῆσαι. εἶτα
Δαβὶδ τὸν τούτου υἱὸν δυναστεῦσαι, ὃν καταστρέ-
ψασθαι Σύρους, τοὺς παρὰ τὸν Εὐφράτην οἰκοῦν-
10 τας ποταμὸν, καὶ τὴν Κομμαγηνὴν καὶ τοὺς ἐν
Γαλαδηνῇ Ἀσσυρίους καὶ Φοίνικας. στρατεῦσαι
δ᾽ αὐτὸν καὶ ἐπὶ Ἰδουμαίους καὶ Ἀμμανίτας καὶ
Μωαβίτας καὶ Ἰτουραίους καὶ Ναβαταίους καὶ
Ναβδαίους. αὖθις δὲ ἐπιστρατεῦσαι ἐπὶ Σούρωνα
15 βασιλέα Τύρου καὶ Φοινίκης, οὓς καὶ ἀναγκάσαι
φόρους Ἰουδαίοις ὑποτελεῖν· πρός τε Οὐαφρῆν
τὸν Αἰγυπτίων βασιλέα φιλίαν συνθέσθαι. βου-
λόμενόν τε τὸν Δαβὶδ οἰκοδομῆσαι ἱερὸν τῷ θεῷ
ἀξιοῦν τὸν θεὸν τόπον αὐτῷ δεῖξαι τοῦ θυσιασ-
20 τηρίου· ἔνθα δὴ ἄγγελον αὐτῷ ὀφθῆναι, ἑστῶτα
ἐπάνω τοῦ τόπου, οὗ τὸν βωμὸν ἱδρῦσθαι ἐν Ἱερο-
σολύμοις, καὶ κελεύειν αὐτὸν μὴ ἱδρῦσθαι τὸ ἱερὸν,
διὰ τὸ αἵματι ἀνθρωπίνῳ πεφύρθαι καὶ πολλὰ ἔτη
πεπολεμηκέναι. εἶναι δ᾽ αὐτῷ ὄνομα Διαναθάν·
25 προστάξαι τε αὐτῷ τοῦτον, ὅπως τῷ υἱῷ ἐπιτρέψῃ
τὴν οἰκοδομίαν, αὐτὸν δὲ εὐτρεπίζειν τὰ πρὸς τὴν
κατασκευὴν ἀνήκοντα, χρυσίον, ἀργύριον, χαλκὸν,
λίθους, ξύλα κυπαρίσσινα καὶ κέδρινα. ἀκούσαντα
δὲ τὸν Δαβὶδ πλοῖα ναυπηγήσασθαι ἐν Αἰλάνοις
30 πόλει τῆς Ἀραβίας, καὶ πέμψαι μεταλλευτὰς εἰς
τὴν Οὐρφῆ νῆσον, κειμένην ἐν τῇ ἐρυθρᾷ θαλάσσῃ,
μέταλλα χρυσικὰ ἔχουσαν· καὶ τὸ χρυσίον ἐκεῖ-
θεν μετακομίσαι τοὺς μεταλλευτὰς εἰς τὴν Ἰουδαίαν.

βασιλεύσαντα δὲ τὸν Δαβὶδ ἔτη μ΄ Σολομῶνι τῷ
35 υἱῷ τὴν ἀρχὴν παραδοῦναι, ὄντι ἐτῶν ιβ΄, ἐνώπιον
'Ηλεὶ τοῦ ἀρχιερέως καὶ τῶν ιβ φυλάρχων, καὶ
παραδοῦναι αὐτῷ τόν τε χρυσὸν καὶ ἄργυρον καὶ
χαλκὸν καὶ λίθον καὶ ξύλα κυπαρίσσινα καὶ κέδρινα.
καὶ αὐτὸν μὲν τελευτῆσαι, Σολομῶνα δὲ βασιλεύειν
40 καὶ γράψαι πρὸς Οὐαφρῆν τὸν Αἰγύπτου βασιλέα
τὴν ὑπογεγραμμένην ἐπιστολήν.   --Eus. ix, 30

2. προφητεῦσαι: not prophecy in the sense of predic-
tion; rather leadership, which in Israel implied spiritual
as well as martial qualities.

The Hebrew נָבִיא was primarily a spokesman; cf.
Exod. 7:1. So in Judg., chap. 5, Deborah is styled a
prophetess. It is this word which is predominatingly
translated in LXX προφήτης. For the function of the
seer, presager, Hebrew uses קֹסֵם, LXX has μαντεύω.
Cf. I Sam. 28:8; 6:2 LXX. So also the New Testament,
Acts 16:16. The prophet spoke for God and interpreted
his will. On his ability to do this depended his fitness
for leadership.

4. ρι΄:=110 years; Josh. 24:29.

Σηλοῖ: cf. Josh. 18:1 ff. LXX here has Σηλῶ (A,
Σηλωμ). Various spellings occur both in the Hebrew
and in LXX.

6. βουλήσει: so the early Judaean narrative I Sam.
9:15 ff. The Ephramite account dwells on the stubborn
will of the people, e. g., 8:7 ff., 10:19 ff., where the pro-
phetic party opposes the plan.

8. τούτου υἱόν: David was a son-in-law of Saul by his
marriage with Michal. δυναστεῦσαι: David was the first
to establish a dynasty.

9. παρά: "up and down the Euphrates river." The
Syrian kingdom centered about Damascus. The Com-

magenes dwelt between the Taurus range and the
Euphrates river; in early times they were included in
Syria. Gilead lay east of Jordan.

10. τοὺς . . . . Γαλ.: the article and adjectival phrase
limit both 'Ασσυρίους and Φοίνικας. Eupolemus is de-
scribing the mixed populations of his own day rather
than the peoples of David's time before Assyria was
known to Israel or its influence had penetrated to the
Jordanic countries.

12 f. These peoples skirt the Jordan valley on the
south and east. The Nabataeans once held lands east
of Moab but later removed to the east of the Sinaitic
peninsula; in Old Testament, Nebaioth, Gen. 25:13.

14. ἐπιστρατεῦσαι: to make war upon. This explains
the success of Solomon (cf. Fragment 4): Hiram as a
tribute-paying prince had but one choice, viz., to comply
with Solomon's demands. This is one of Eupolemus'
embellishments. Hiram's overtures seem to have been
those of a neighboring ruler to a powerful king, II Sam.
5:11; I Chron. 14:1; so also the relations of Hiram with
Solomon, I Kings 5:6 ff., 9:10 ff.; cf. I Kings 10:22;
II Chron. 8:17 ff.

16. Cf. Fragment 3.

19. ἀξιοῦν = *postulare*, "to have asked God to show
him a place for the altar." On the tense see GMT.,
667[3].

20. Cf. II Sam. 24:15 ff., where the site is determined
by the staying of the plague.

21 ff. Cf. I Chron. 28:3.

21. Given in I Chron. 22:6; 28:6. According to II
Sam. 7:6; so also Josephus. Nathan delivered the
message to David. This may give a clue to the obscure
line 24, εἶναι . . . . Διαναθάν. Emending the text to
read ῥῆμα διὰ Ναθάν, the meaning is clear. A scribal
error combining the preposition with the substantive

prepared the way for changing ῥῆμα to ὄνομα, for grammatically ῥῆμα is a verb.

25. ὅπως ἐπιτρέψῃ: the sequence here is that of Hellenistic Greek, BMT., 200, rather than of classical usage, GMT., 355.

28. ἀκούσαντα: "on hearing," i. e., Nathan's message. David accepted the terms and hastened to fulfil his part.

29. ἐν Ἀϊλάνοις (Heinichen, Ἀχάνοις): situated at the northern extremity of the Aelanitic Gulf. Arabic, Elōth. εἰς and ἐν from the same original word ἐνς, GGr., §1208, gradually approximated in meaning, not by the loss of the distinction but by increasing license in their use, Buttm., *Grammar of New Testament Greek*, 287.

31. Οὐρφῆ: probably Ophir, the location of which is still in dispute. With the preceding cf. II Chron. 8:17 ff.

35. ιβ′: this datum is not from biblical sources but from the rabbis. But cf. Jos., *Antt.*, VIII, vii, 8: "reigned eighty years, and lived ninety-four." Ἡλεί: Eupolemus is in error here; Abiathar must have been highpriest. Eli was succeeded by Ahitub, Ahijah (I Sam. 14:3), Ahimelech (I Sam. 21:7), Abiathar (I Sam. 23:6; 30:7) in the order given. With the last named the line of Ithamar, of which Eli was the first, came to an end (I Kings 2:27).

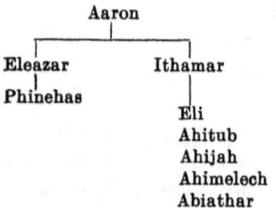

the next, Zadok, is descended from Eleazar.

FRAGMENT 3

Solomon, building his temple, sends to Egypt for workmen. King Vaphres complies with the request.

Βασιλεὺς Σολομὼν Οὐαφρῇ βασιλεῖ Αἰγύπτου φίλῳ πατρικῷ χαίρειν.

Γίνωσκέ με παρειληφότα τὴν βασιλείαν παρὰ Δαβὶδ τοῦ πατρὸς διὰ τοῦ θεοῦ τοῦ μεγίστου καὶ 5 ἐπιτεταχότος μοι οἰκοδομῆσαι ἱερὸν τῷ θεῷ, ὃς τὸν οὐρανὸν καὶ τὴν γῆν ἔκτισεν· ἅμα δέ σοι γράψαι, ἀποστεῖλαί μοι τῶν παρά σου λαῶν, οἳ παραστή- σονταί μοι μέχρι τοῦ ἐπιτελέσαι πάντα κατὰ τὴν χρείαν, καθότι ἐπιτέτακται.

10 Βασιλεὺς Οὐαφρῆς Σολομῶνι βασιλεῖ μεγάλῳ χαίρειν.

Ἅμα τῷ ἀναγνῶναι τὴν παρὰ σοῦ ἐπιστολὴν, σφόδρα ἐχάρην, καὶ λαμπρὰν ἡμέραν ἤγαγον, ἐγώ τε καὶ ἡ δύναμίς μου πᾶσα, ἐπὶ τῷ παρειληφέναι 15 σε τὴν βασιλείαν παρὰ χρηστοῦ ἀνδρὸς καὶ δεδο- κιμασμένου ὑπὸ τηλικούτου θεοῦ. περὶ δὲ ὧν γράφεις μοι περὶ τῶν κατὰ τοὺς λαοὺς τοὺς παρ' ἡμῖν, ἀπέσταλκά σοι μυριάδας ὀκτὼ, ὧν καὶ τὰ πλήθη ἐξ ὧν εἰσι, διασεσάφηκά σοι· ἐκ μὲν τοῦ 20 Σεβριθίτου νομοῦ μυρίους, ἐκ δὲ τοῦ Μενδησίου καὶ Σεβεννήτου δισμυρίους, Βουσιρίτου, Λεοντο- πολίτου καὶ Ἀθριβίτου ἀνὰ μυρίους. φρόντισον δὲ καὶ τὰ δέοντα αὐτοῖς καὶ τὰ ἄλλα ὅπως εὐτακτῇ, καὶ ἵνα ἀποκατασταθῶσιν εἰς τὴν ἰδίαν, ὡς ἂν ἀπὸ 25 τῆς χρείας γενομένης. —Eus., ix, 31, f.

Clem. Alex. (i, 21, 130) certifies to this correspondence.

1. Οὐαφρῆ: Apries (Hophra, Jer. 44:30), 588–69, was a contemporary of Zedekiah, king of Judah. He is here confounded with Sheshonk I (945–924), contemporary of Solomon (cf. I Kings 11:40), whose daughter Solomon married (I Kings 3:1). This does not necessarily imply vassalage on the part of Solomon as Breasted assumes, *History of Egypt*, p. 529. Cf. Jos., *Antt.*, VIII, ii, 7; Herod., ii, 161; Diod. Sic., i, 168.

2. χαίρειν: "greeting." Cf. Acts 23:26; Jas. 1:1, and often.

3. γίνωσκέ με: i. e., "I beg to inform you" (GMT., 915³).

7. λαῶν: GGr., 1091.

8. μέχρι τ. τελέσαι: "until all things are finished," GMT., 800; Gr., 1546; HA., 959; BMT., 406.

14. δύναμις: cf. III Macc. 6:16: ὁ βασιλεὺς σὺν τοῖς θηρίοις καὶ παντὶ τῷ τῆς δυνάμεως φρυάγματι κατὰ τὸν ἱππόδρομον παρῆγεν, here used of the royal retinue; in our passage, an *army of* workmen.

18. Cf. the numbers in I Kings 5:13 ff.; II Chron. 2:17 ff.; Jos., *Antt.*, VIII, ii, 9.

19 ff. On the government of the empire at this time see Breasted, *History of Egypt*, pp. 528 ff.

22. φρόντισον, κτλ.: "Provide for their needs and otherwise care for them; (see to it) that they obey; and (see to it) that they be returned to their own country." ὅπως . . . . ἵνα: GGr., 1372; HA., 885; BMT., 205.

24. ὡς ἄν: "since they have come to you because of your need," i. e., to meet your need. See Soph., *Lex.*, s. v., ὡς, 1.

25. γενομένης: γενόμενοι, so Vigerus, marg., and Heinichen, note.

FRAGMENT 4

To Suron of Tyre Solomon announces his accession and his purpose to build a temple.

Βασιλεὺς Σολομῶν Σούρωνι τῷ βασιλεῖ
Τύρου καὶ Σιδῶνος καὶ Φοινίκης φίλῳ
πατρικῷ χαίρειν.

Γίνωσκέ με παρειληφότα τὴν βασιλείαν παρὰ
5 Δαβὶδ τοῦ πατρὸς διὰ τοῦ θεοῦ τοῦ μεγίστου, ἐπι-
τεταχότος μοι οἰκοδομῆσαι ἱερὸν τῷ θεῷ, ὃς τὸν οὐ-
ρανὸν καὶ τὴν γῆν ἔκτισεν· ἅμα δὲ καὶ σοὶ γράψαι,
ἀποστεῖλαί μοι τῶν παρὰ σοῦ λαῶν, οἳ συμπαρα-
στήσονται ἡμῖν μέχρι τοῦ ἐπιτελέσαι τὴν τοῦ θεοῦ
10 χρείαν, καθότι μοι ἐπιτέτακται. γέγραφα δὲ καὶ
εἰς τὴν Γαλιλαίαν καὶ Σαμαρῖτιν καὶ Μωαβῖτιν
καὶ Ἀμανῖτιν καὶ Γαλαδῖτιν, χορηγεῖσθαι αὐτοῖς
τὰ δέοντα ἐκ τῆς χώρας κατὰ μῆνα, κόρους σίτου
μυρίους· ὁ δὲ κόρος ἐστὶν ἀρταβῶν ἕξ· καὶ οἴνου
15 κόρους μυρίους· ὁ δὲ κόρος τοῦ οἴνου ἐστὶ μέτρα
δέκα. τὸ δὲ ἔλαιον καὶ τὰ ἄλλα χορηγηθήσεται
αὐτοῖς ἐκ τῆς Ἰουδαίας, ἱερεῖα δὲ εἰς κρεωφαγίαν
ἐκ τῆς Ἀραβίας.   —Eus., ix, 33

The correspondence in this and the following sections is based on the Old Testament narrative, I Kings 5:1 ff.; II Chron. 2:3 ff. Cf. Jos., *Antt.*, VIII, ii. The letters in the preceding section are built up from these. Cf. the orations in Thucydides.

1. Σούρωνι: Jos., Εἴρωμος; LXX, Χειράμ, Hiram, whose reign overlapped those of David and Solomon. Cf. Jos., *Antt.*, VIII, ii, 6-9. Hdt., vii, 98, gives the form Σίρωμος, and even in the Old Testament and Josephus the vocali-

zation is not uniform.   Josephus declares (*Antt.*, VIII,
ii, 6, 8): διαμένει δὲ ἄχρι τῆς τήμερον τὰ τῶν ἐπιστολῶν
τούτων ἀντίγραφα οὐκ ἐν τοῖς ἡμετέροις μόνον σωζόμενα
βιβλίοις ἀλλὰ καὶ παρὰ Τυρίοις, ὥστε εἴ τις ἐθελήσειε τὸ
ἀκριβὲς μαθεῖν κτλ.

13. κόρους: Heb. Cor, the largest Hebrew dry
measure = 11 bu.; liq. meas. = 120 gals.   Jos., *Antt.*,
XV, ix, 2: ὅδὲ κόρος δύναται μεδίμνους Ἀττικοὺς δέκα.

14. ἀρταβῶν: Persian unit of measure = 1 medimnus,
about 12 gals.   The fictitious character of this correspon-
dence is suggested by the recurrence of stock phrases:
ὅς . . . . ἔκτισεν, χρηστός, ἅμα τῷ ἀναγνῶναι, γίνωσκέ με
παρειληφότα, περὶ δὲ ὧν γράφεις, and the form of greeting.

17. κρεωφαγίαν: Gaisford, κρεο-.   See LS., κρεω-.

FRAGMENT 5

In return Suron sends congratulations and
promises assistance.

Σούρων Σολομῶνι βασιλεῖ μεγάλῳ χαίρειν.

Εὐλογητὸς ὁ θεὸς, ὃς τὴν γῆν καὶ τὸν οὐρανὸν
ἔκτισεν, ὃς εἵλετο ἄνθρωπον χρηστὸν ἐκ χρηστοῦ
ἀνδρός. ἅμα τῷ ἀναγνῶναι τὴν παρὰ σοῦ ἐπιστολὴν
5 σφόδρα ἐχάρην, καὶ εὐλόγησα τὸν θεὸν ἐπὶ τῷ παρ-
ειληφέναι σὲ τὴν βασιλείαν. περὶ δὲ ὧν γράφεις
μοι περὶ τῶν κατὰ τοὺς λαοὺς τοὺς παρ' ἡμῖν, ἀπ-
έσταλκά σοι Τυρίων καὶ Φοινίκων ὀκτακισμυρίους
καὶ ἀρχιτέκτονά σοι ἀπέσταλκα ἄνθρωπον Τύριον,
10 ἐκ μητρὸς Ἰουδαίας, ἐκ τῆς φυλῆς τῆς Δαβίδ, ὑπὲρ
ὧν ἂν αὐτὸν ἐρωτήσῃς τῶν ὑπὸ τὸν οὐρανὸν πάντων,
καὶ ἀρχιτεκτονίαν, ὑφηγήσεταί σοι καὶ ποιήσει.
περὶ δὲ τῶν δεόντων καὶ ἀποστελλομένων σοι παι-

δῶν, καλῶς ποιήσεις ἐπιστείλας τοῖς κατὰ τόπον
15 ἐπάρχοις, ὅπως χορηγῆται τὰ δέοντα.

—Eus., ix, 34

15. ὅπως . . . .: "that the necessary expenses may be
defrayed," BMT., 197.

FRAGMENT 6

Jeremiah, sent to prophesy to the people, is cast
into prison. The king of the Babylonians, hearing
of the prophecy, stirs up war, storms and loots
Jerusalem.

Ἐπὶ τούτοις καὶ τῆς Ἱερεμίου προφητείας τοῦ
Πολυΐστορος μνήμην πεποιημένου, ἡμᾶς ἀποσιω-
πῆσαι ταύτην πάντων ἂν εἴη παραλογώτατον. κεί-
σθω τοίνυν καὶ αὕτη.

5   Εἶτα Ἰωναχείμ· ἐπὶ τούτου προφητεῦσαι Ἱερε-
μίαν τὸν προφήτην. τοῦτον ὑπὸ τοῦ θεοῦ ἀποστα-
λέντα καταλαβεῖν τοὺς Ἰουδαίους θυσιάζοντας
εἰδώλῳ χρυσῷ, ᾧ εἶναι ὄνομα Βάαλ. τοῦτον δὲ
αὐτοῖς τὴν μέλλουσαν ἀτυχίαν δηλῶσαι. τὸν δὲ
10 Ἰωναχεὶμ ζῶντα αὐτὸν ἐπιβαλέσθαι κατακαῦσαι·
τὸν δὲ φάναι τοῖς ξύλοις τούτοις Βαβυλωνίοις
ὀψοποιήσειν καὶ σκάψειν τὰς τοῦ Τίγριδος καὶ
Εὐφράτου διώρυχας αἰχμαλωτισθέντας. τὸν δὲ τῶν
Βαβυλωνίων βασιλέα ἀκούσαντα Ναβουχοδονόσορ
15 τὰ ὑπὸ τοῦ Ἱερεμίου προμαντευθέντα παρακαλέσαι
Ἀστιβάρην τὸν Μήδων βασιλέα συστρατεύειν αὐτῷ.
παραλαβόντα δὲ Βαβυλωνίους καὶ Μήδους καὶ
συναγαγόντα πεζῶν μὲν ὀκτωκαίδεκα, ἱππέων δὲ
μυριάδας δώδεκα καὶ πεζῶν ἄρματα μυρία, πρῶτον

20 μὲν τὴν Σαμαρεῖτιν καταστρέψασθαι καὶ Γαλιλαίαν
καὶ Σκυθόπολιν καὶ τοὺς ἐν τῇ Γαλαδίτιδι οἰκοῦν-
τας Ἰουδαίους· αὖθις δὲ τὰ Ἱεροσόλυμα παραλαβεῖν,
καὶ τὸν Ἰουδαίων βασιλέα Ἰωναχεὶμ ζωγρῆσαι. τὸν
δὲ χρυσὸν τὸν ἐν τῷ ἱερῷ καὶ ἄργυρον καὶ χαλκὸν
25 ἐκλέξαντας, εἰς Βαβυλῶνα ἀποστεῖλαι, χωρὶς τῆς
κιβωτοῦ καὶ τῶν ἐν αὐτῇ πλακῶν. ταύτην δὲ τὸν
Ἱερεμίαν κατασχεῖν."   —Eus., ix, 39

3. ἂν εἴη: GMT., 235.

5. Heinichen reads rightly, Ἰωακείμ, but the MSS
favor the given reading; see Gaisford. Jehoiakim reigned
609–597, II Kings, chap. 24; Jer., chap. 36.

προφητεῦσαι: cf. fragment 2, note **2.**

7. καταλαβεῖν: cf. Jer. 11:13; 17:2 ff.

8. Βάαλ: originally a worship of local deities, a cult
that rose in connection with agriculture. These divinities
were thought to care for the fertility of their several
districts. Gradually their jurisdiction was construed to
extend to animal fruitfulness also. The rites were often
cruel and revolting. Cf. Jer. 19:5; I Kings 18:28. From
Hos. 2:17 there seem to have been different names. Cf.
Smith, *Religion of the Semites*, p. 94; I Kings 16:32;
Jos., *Antt.*, viii, 13, 1; II Kings 21:3; 23:10 ff. Eupole-
mus seems here to confound incidents in the reigns of
Manasseh and Jehoiakim. The Baal referred to by
Eupolemus is probably Molech, II Kings 23:10, the
Molech cult being probably of Canaanitish, perhaps
Phoenician, origin. So far as is known, there was no
εἴδωλον χρυσοῦν erected to Molech; the thing referred to
may have been one of the objects mentioned in II Chron.
34:4 ff. See Moore in *Encyclopedia Biblica*, III, coll.
3183 ff.; Smith, *Religion of the Semites*, Lecture III;
Guthe, *Kurzes Bibel-Wörterbuch*, *s. v.* "Baal."

9 f. Cf. Jer., chap. 36.

10. The fate of the prophet's book would seem here to be transferred to his person. The rabbis declare that the prophet was in danger of his life. See also Jos., *Antt.*, X, vii, 21; Jer. 36:11 ff.; cf. 26:20 ff.

15. προμαντευθέντα: not προφητεύειν; see above.

14 ff. The reason for this invasion (Nebuchadrezzar made three into Judaea, 601, 596 [II Kings 24:1 f.], 586 [II Kings 25:1 ff.]) was the revolt of Jehoiakim (II Kings 24:1) though Jeremiah was treated kindly by the Babylonians (Jos., *Antt.*, X, ix, 1).

16. 'Ἀστιβάρην: Eupolemus is in error here. Nebuchadrezzar's (604–562) Median contemporaries were Cyaxares (635–595) and Astyages (594–550), Justi, *Geschichte des alten Persiens*, pp. 11–14. The lists of Herodotus and Ctesias are more or less artificial. Lenormant suggested that Astibaras was a lesser king and contemporary of Sargon (722–705) and Sennacherib (705–681), kings of Assyria.

20 f. The first two names are of divisions of the country formerly occupied by Israel: Scythopolis is a town on the border, sometimes included in one, sometimes in the other. Gilead lay east of Jordan.

23. ζωγρῆσαι: II Chron. 36:9.

25. χωρὶς τῆς κιβωτοῦ: There is a tradition that the, ark was never carried away but was hidden somewhere in the temple. Once a priest detected the concealment from the unevenness of the paving-stones under which the ark was hidden; attempting to tell a fellow-priest he was stricken with death. Another story ascribes the concealment of the ark to King Josiah. The ark probably disappeared in one of the raids when the temple was looted, probably not later than the date of the exile.

ARTAPANUS

Artapanus, fragments of whose Περὶ Ἰουδαίων have come down to us, based his work on the Old Testament narratives but embellished his writings with many fanciful additions. His tendency is to exalt his nation: he makes even the Egyptians debtors to Israel. That he lived in Egypt we should infer from the fact that he ascribes to the temple service at Heliopolis age and corresponding sanctity.

Sources: Eusebius, ix, 18, 23, 27; Clement, i, 23, 154.
References: Schürer, III, pp. 354 ff.; Christ., p. 668; Müller, III, pp. 212 ff.

FRAGMENT 1

An account of the names of the Hebrew people, and of Babel. Through Abraham the knowledge of astrology came to Babylonians, Phoenicians, and Egyptians.

Ἀρτάπανος δέ φησιν ἐν τοῖς Ἰουδαϊκοῖς, τοὺς μὲν Ἰουδαίους ὀνομάζεσθαι Ἑρμιοὺθ, ὃ εἶναι μεθ- ερμηνευθὲν κατὰ τὴν Ἑλλάδα φωνὴν Ἰουδαῖοι· καλεῖσθαι δὲ αὐτοὺς Ἑβραίους ἀπὸ Ἀβραάμου. 5 τοῦτον δέ φησι πανοικίᾳ ἐλθεῖν εἰς Αἴγυπτον πρὸς τὸν τῶν Αἰγυπτίων βασιλέα Φαρεθώνην καὶ τὴν ἀστρολογίαν αὐτὸν διδάξαι· μείναντα δὲ ἔτη ἐκεῖ εἴκοσι, πάλιν εἰς τοὺς κατὰ Συρίαν ἀπαλλαγῆναι

42

τόπους· τῶν δὲ τούτῳ συνελθόντων πολλοὺς ἐν
10 Αἰγύπτῳ καταμεῖναι διὰ τὴν εὐδαιμονίαν τῆς
χώρας. —Eus., ix, 18

2. Ἑρμιούθ: this may stand for the Hebrew אֲרָם
(= Ερμ-, though the aspirate (ʻ) would lead us to expect
ע)+יְהוּדִי (= -ιουθ), = Syrian Jews. Cf. Hdt., i., 11: καὶ
Συροῖσι πεζῇ ὁ Νεκὼς συμβαλὼν ἐν Μαγδόλῳ ἐνίκησε. But
Necho fought here with Josiah, king of Judah (II Kings
23:29). See Heinichen's note, where, however, there is
a misprint; better Gaisford.

4. A more generally accepted derivation is from an
earlier ancestor, Eber, Gen. 10:21, and see Hastings,
Bible Dictionary, II, pp. 325 ff. After the fall of Sa-
maria, 721, the name of the tribe of Judah was applied to
the Southern Kingdom, of which this tribe was the
strongest factor.

5. πανοικίᾳ: "with all his household."

6. Φαρεθώνην: Artapanus shares the indefinite knowl-
edge of the later historians. The word Pharaoh, ori-
ginally a term applied to the royal palace with its
buildings and grounds, was later used as a title of office;
Jos., *Antt.*, VIII, vi, 2: .... Φαραῶθαι ἐκλήθησαν ἀπὸ τοῦ
μετ᾽ αὐτοὺς ἐν τοῖς μεταξὺ χρόνοις ἄρξαντος βασιλέως Φαραώ-
θου τὴν προσηγορίαν λαβόντες, ἀναγκαῖον ἡγησάμην εἰπεῖν,
ἵνα τὴν ἄγνοιαν αὐτῶν ἀφέλω καὶ ποιήσω τοῦ ὀνόματος φανε-
ρὰν τὴν αἰτίαν, ὅτι Φαραὼ καὶ Αἰγυπτίους βασιλέα σημαίνει.
Even Josephus has not given all the truth; cf. II Kings
23:29; Jer. 44:30, and elsewhere. The word came
finally to be regarded as a personal name, cf. Exod. 5:4.
From Egypt the word passed into Hebrew, thence to
Greek, and thence to Arabic. In this circuitous route
many errors could arise. Thus even Herodotus, ii, 111,
speaks of Φέρων(ς), king of Egypt (Ramses II). When
Egypt became a Persian province, B. C. 525, the title

declined with the office. With the weakening of Persia came a faint revival, two dynasties representing about sixty years (Brugsch, *Egypt under the Pharaohs*, pp. 438 ff.). With the coming of the Greeks the Ptolemies gave their name to the office and title. As he lived three centuries or more after these events, and was occupied with the magnificence of Ptolemaic Egypt, the errors of Artapanus, if perplexing, are still explicable.

ἀστρολογίαν: Jewish writers generally, ascribe to Abraham almost supernatural wisdom and sagacity (cf. Jos., *Antt.*, I, viii, 1), but repudiate the practice of idolatrous rites in connection with astrology; cf. Philo, *De Abrahamo*, 17: τεκμήριον δὲ ἐναργέστατον τῆς ἀποικίας, ἣν ἀπ' ἀστρονομίας καὶ τῆς Χαλδαϊζούσης δόξης ἡ διάνοια ἐστείλατο, κτλ. (*Jubilees*, xi). This finds frequent expression in the rabbinical literature.

8. Συρίαν: here as Heinichen: *at communi Syrorum nomine prophani scriptores Judaeos saepe designant.*

FRAGMENT 2

Joseph sold into Egypt, comes into control of affairs, and by his wisdom and tact wins the love of the people. The coming of Joseph is followed later by a Syrian migration.

Ἀρτάπανος δέ φησιν ἐν τῷ περὶ Ἰουδαίων, τοῦ Ἀβραὰμ Ἰωσὴφ ἀπόγονον γενέσθαι, υἱὸν δὲ Ἰακώβου· συνέσει δὲ καὶ φρονήσει παρὰ τοὺς ἄλλους διενεγκόντα, ὑπὸ τῶν ἀδελφῶν ἐπιβουλευθῆναι·
5 προειδόμενον δὲ τὴν ἐπισύστασιν, δεηθῆναι τῶν ἀστυγειτόνων Ἀράβων, εἰς τὴν Αἴγυπτον αὐτὸν διακομίσαι. τοὺς δὲ τὸ ἐντυγχανόμενον ποιῆσαι. εἶναι γὰρ τοὺς τῶν Ἀράβων βασιλεῖς ἀπογόνους

Ἰσραὴλ, υἱοὺς τοῦ Ἀβραὰμ, Ἰσαὰκ δὲ ἀδελφούς.
10 ἐλθόντα δὲ αὐτὸν εἰς τὴν Αἴγυπτον καὶ συσταθέντα
τῷ βασιλεῖ διοικητὴν τῆς ὅλης γενέσθαι χώρας.
καὶ πρότερον ἀτάκτως τῶν Αἰγυπτίων γεωμορούν-
των, διὰ τὸ τὴν χώραν ἀδιαίρετον εἶναι, καὶ τῶν
ἐλασσόνων ὑπὸ τῶν κρεισσόνων ἀδικουμένων, τού-
15 του πρῶτον τήν τε γῆν διελεῖν καὶ ὅροις διασημή-
νασθαι καὶ τὴν πολλὴν χερσευομένην γεωργήσιμον
ἀποτελέσαι καί τινας τῶν ἀρουρῶν τοῖς ἱερεῦσιν
ἀποκληρῶσαι. τοῦτον δὲ καὶ μέτρα εὑρεῖν καὶ
μεγάλως αὐτὸν ὑπὸ τῶν Αἰγυπτίων διὰ ταῦτα ἀγα-
20 πηθῆναι. γῆμαι δ' αὐτὸν Ἡλιουπολίτου ἱερέως
Ἀσενὲθ θυγατέρα, ἐξ ἧς γεννῆσαι παῖδας. μετὰ
δὲ ταῦτα παραγενέσθαι πρὸς αὐτὸν τόν τε πατέρα
καὶ τοὺς ἀδελφοὺς κομίζοντας πολλὴν ὕπαρξιν,
καὶ κατοικισθῆναι ἐν τῇ πόλει Καισὰν, καὶ τοὺς
25 Σύρους πλεονάσαι ἐν τῇ Αἰγύπτῳ. τούτους δέ
φησι καὶ τὸ ἐν Ἀθὼς καὶ τὸ ἐν Ἡλιουπόλει ἱερὸν
κατασκευάσαι τοὺς Ἑρμιοὺθ ὀνομαζομένους. μετὰ
δὲ ταῦτα τελευτῆσαι τὸν Ἰωσὴφ καὶ τὸν βασιλέα
τῶν Αἰγυπτίων. τὸν οὖν Ἰωσὴφ κρατοῦντα τῆς
30 Αἰγύπτου τὸν ἐτῶν ἑπτὰ σῖτον, γενόμενον κατὰ τὴν
φορὰν ἄπλετον, παραθέσθαι καὶ τῆς Αἰγύπτου
δεσπότην γενέσθαι.   —Eus., ix, 23

For the Old Testament narrative see Gen., chaps.
37–47.

5. ἐπισύστασιν: Cf. Gen. 27:29. δεηθῆναι: LS., δέω,
B., II, 2: "They disposed of him to neighboring Arabs;"
cf. Gen., chap. 37.

20. See under Demetrius, Fragment 1, 81, note. On
the name of Joseph's wife (Gen. 41:45), see Köhler in

Jewish Encyclopedia, II, p. 172. The rabbis, not satisfied that Joseph should have married an Egyptian, made her the daughter of Dinah, the daughter of Jacob.

24. Καισάν: in Fragment 3, Κέσσαν: probably a difference in spelling rather than a different town, as some think. Σύρους: see Fragment 1, l. 8. The writer's geography is that of his own times rather than of the earlier period.

26. 'Αθώς: Hebrew אֹן, in Ezek. 30:17 אָוֶן. Jer. 50:13 (LXX) gives Ἡλίου πόλεως τοὺς ἐν Ὤν. 'Αθώς may come from the form Aven. The significance of the city for the Jews began with the temple of Onias, B. C. 160. Jos., *Jewish War*, vii, 10; *Antt.*, XIII, iii; Herod, ii, 137. See Graetz, *History of the Jews*, I, pp. 508 ff. Artapanus manifests an interest in the temple at Heliopolis whose rivalry with Jerusalem was regarded unfavorably by the Palestinian Jews.

27. Ἑρμιούθ: see Fragment 1, n. 2.

FRAGMENT 3

Moses was a man of surpassing beauty and wisdom. Called to perform signs before the king, he surpasses all the magic of the Egyptians. He leads the "Jews" across the Red Sea into Arabia.

Ἀρτάπανος δέ φησιν ἐν τῇ περὶ Ἰουδαίων, Ἀβραὰμ τελευτήσαντος, καὶ τοῦ υἱοῦ αὐτοῦ Μεμψασθενὼθ, ὁμοίως δὲ καὶ τοῦ βασιλέως τῶν Αἰγυπτίων, τὴν δυναστείαν παραλαβεῖν τὸν υἱὸν
5 αὐτοῦ Παλμανώθην. τοῦτον δὲ τοῖς Ἰουδαίοις φαύλως προσφέρεσθαι, καὶ πρῶτον μὲν τὴν Κεσσὰν οἰκοδομῆσαι, τό τε ἐπ᾽ αὐτῇ ἱερὸν καθιδρύσασθαι, εἶτα τὸν ἐν Ἡλιουπόλει ναὸν κατασκευάσαι. τοῦ-

τον δὲ γεννῆσαι θυγατέρα Μέρριν, ἣν Χενεφρῇ τινι
10 κατεγγυῆσαι, τῶν ὑπὲρ Μέμφιν τόπων βασιλεύοντι.
πολλοὺς γὰρ τότε τῆς Αἰγύπτου βασιλεύειν. ταύ-
την δὲ στεῖραν ὑπάρχουσαν ὑποβαλέσθαι τινὸς τῶν
Ἰουδαίων παιδίον, τοῦτο δὲ Μώϋσον ὀνομάσαι·
ὑπὸ δὲ τῶν Ἑλλήνων αὐτὸν ἀνδρωθέντα Μουσαῖον
15 προσαγορευθῆναι. γενέσθαι δὲ τὸν Μώϋσον τοῦ-
τον Ὀρφέως διδάσκαλον, ἀνδρωθέντα δ' αὐτὸν
πολλὰ τοῖς ἀνθρώποις εὔχρηστα παραδοῦναι. καὶ
γὰρ πλοῖα καὶ μηχανὰς πρὸς τὰς λιθοθεσίας, καὶ
τὰ Αἰγύπτια ὅπλα, καὶ τὰ ὄργανα τὰ ὑδρευτικὰ
20 καὶ πολεμικὰ, καὶ τὴν φιλοσοφίαν ἐξευρεῖν· ἔτι δὲ
τὴν πόλιν εἰς λϛʹ νομοὺς διελεῖν καὶ ἑκάστῳ τῶν
νομῶν ἀποτάξαι τὸν θεὸν σεφθήσεσθαι, τά τε ἱερὰ
γράμματα τοῖς ἱερεῦσιν· εἶναι δὲ καὶ αἰλούρους καὶ
κύνας καὶ ἴβεις· ἀπονεῖμαι δὲ καὶ τοῖς ἱερεῦσιν
25 ἐξαίρετον χώραν. ταῦτα δὲ πάντα ποιῆσαι χάριν
τοῦ τὴν μοναρχίαν βεβαίαν τῷ Χενεφρῇ διαφυλά-
ξαι. πρότερον γὰρ ἀδιατάκτους ὄντας τοὺς ὄχλους,
ποτὲ μὲν ἐκβάλλειν, ποτὲ δὲ καθιστάνειν βασιλεῖς,
καὶ πολλάκις μὲν τοὺς αὐτούς, ἐνιάκις δὲ ἄλλους.
30 διὰ ταῦτα οὖν τὸν Μώϋσον ὑπὸ τῶν ὄχλων ἀγαπη-
θῆναι καὶ ὑπὸ τῶν ἱερέων ἰσοθέου τιμῆς καταξιω-
θέντα προσαγορευθῆναι Ἑρμῆν διὰ τὴν τῶν ἱερῶν
γραμμάτων ἑρμηνείαν. τὸν δὲ Χενεφρῆν ὁρῶντα
τὴν ἀρετὴν τοῦ Μωΰσου φθονῆσαι αὐτῷ καὶ ζητεῖν
35 αὐτὸν ἐπ' εὐλόγῳ αἰτίᾳ τινὶ ἀνελεῖν. καὶ δή ποτε
τῶν Αἰθιόπων ἐπιστρατευσαμένων τῇ Αἰγύπτῳ
τὸν Χενεφρῆν ὑπολαβόντα εὑρηκέναι καιρὸν εὔθε-
τον, πέμψαι τὸν Μώϋσον ἐπ' αὐτοὺς στρατηγὸν

μετὰ δυνάμεως. τὸ δὲ τῶν συγγένων αὐτῷ συστῆ-
40 σαι πλῆθος, ὑπολαβόντα ῥᾳδίως αὐτὸν διὰ τὴν
τῶν στρατιωτῶν ἀσθένειαν ὑπὸ τῶν πολεμίων
ἀναιρεθήσεσθαι. τὸν δὲ Μώϋσον ἐλθόντα ἐπὶ τὸν
Ἑρμοπολίτην ὀνομαζόμενον νομὸν, ἔχοντα περὶ
δέκα μυριάδας γεωργῶν, αὐτοῦ καταστρατοπε-
45 δεῦσαι. πέμψαι δὲ στρατηγοὺς τοὺς προκαθεδου-
μένους τῆς χώρας, οὓς δὴ πλεοκεκτεῖν ἐπιφανῶς
κατὰ τὰς μάχας · λέγειν δέ φησιν Ἡλιουπολίτας
γενέσθαι τὸν πόλεμον τοῦτον ἔτη δέκα. τοὺς οὖν
περὶ τὸν Μώϋσον διὰ τὸ μέγεθος τῆς στρατιᾶς πό-
50 λιν ἐν τούτῳ κτίσαι τῷ τόπῳ καὶ τὴν ἶβιν ἐν αὐτῇ
καθιερῶσαι, διὰ τὸ ταύτην τὰ βλάπτοντα ζῷα τοὺς
ἀνθρώπους ἀναιρεῖν, προσαγορεῦσαι δὲ αὐτὴν Ἑρ-
μοῦ πόλιν. οὕτω δὴ τοὺς Αἰθίοπας, καίπερ
ὄντας πολεμίους, στέρξαι τὸν Μώϋσον ὥστε καὶ τὴν
55 περιτομὴν τῶν αἰδοίων παρ' ἐκείνου μαθεῖν · οὐ
μόνον δὲ τούτους, ἀλλὰ καὶ τοὺς ἱερεῖς ἅπαντας.
τὸν δὲ Χενεφρῆν, λυθέντος τοῦ πολέμου, λόγῳ μὲν
αὐτὸν ἀποδέξασθαι, ἔργῳ δὲ ἐπιβουλεύειν. παρ-
ελόμενον γοῦν αὐτοῦ τοὺς ὄχλους τοὺς μὲν ἐπὶ τὰ
60 ὅρια τῆς Αἰθιοπίας πέμψαι προφυλακῆς χάριν, τοῖς
δὲ προστάξαι τὸν ἐν Διὸς πόλει ναὸν ἐξ ὀπτῆς πλίν-
θου κατεσκευασμένον καθαιρεῖν, ἕτερον δὲ λίθινον
κατασκευάσαι τὸ πλησίον ὄρος λατομήσαντας ·
τάξαι δὲ ἐπὶ τῆς οἰκοδομίας ἐπιστάτην Ναχέρωτα.
65 τὸν δὲ ἐλθόντα μετὰ Μωύσου εἰς Μέμφιν, πυθέσθαι
παρ' αὐτοῦ εἴ τι ἄλλο ἐστὶν εὔχρηστον τοῖς ἀνθρώ-
ποις · τὸν δὲ φάναι γένος τῶν βοῶν, διὰ τὸ τὴν γῆν
ὑπὸ τούτων ἀροῦσθαι. τὸν δὲ Χενεφρῆν, προσαγο-

ρεύσαντα ταῦρον Ἄπιν, κελεῦσαι ἱερὸν αὐτοῦ τοὺς
70 ὄχλους καθιδρύσασθαι, καὶ τὰ ζῷα τὰ καθιερωθέντα
ὑπὸ τοῦ Μωῦσου κελεύειν ἐκεῖ φέροντας θάπτειν,
κατακρύπτειν θέλοντα τὰ τοῦ Μωῦσου ἐπινοήματα.
ἀποξενωσάντων δὲ αὐτὸν τῶν Αἰγυπτίων, ὁρκω-
μοτῆσαι τοὺς φίλους μὴ ἐξαγγεῖλαι τῷ Μωῦσῳ
75 τὴν ἐπισυνισταμένην αὐτῷ ἐπιβουλήν, καὶ προ-
βαλέσθαι τοὺς ἀναιρήσοντας αὐτόν. μηδενὸς δ᾽
ὑπακούσαντος, ὀνειδίσαι τὸν Χενεφρῆν Χανεθώθην,
τὸν μάλιστα προσαγορευόμενον ὑπ᾽ αὐτοῦ. τὸν δὲ
ὀνειδισθέντα ὑποσχέσθαι τὴν ἐπίθεσιν, λαβόντα
80 καιρόν. ὑπὸ δὲ τοῦτον τὸν καιρὸν τῆς Μέρριδος
τελευτησάσης, ὑποσχέσθαι τὸν Χενεφρῆν τῷ τε
Μωῦσῳ καὶ τῷ Χανεθώθῃ τὸ σῶμα, ὥστε διακομί-
σαντας εἰς τοὺς ὑπὲρ Αἴγυπτον τόπους θάψαι,
ὑπολαβόντα τὸν Μώϋσον ὑπὸ τοῦ Χανεθὼθ ἀναι-
85 ρεθήσεσθαι. πορευομένων δὲ αὐτῶν, τὴν ἐπιβου-
λὴν τῷ Μωῦσῳ τῶν συνειδότων ἐξαγγεῖλαί τινα.
τὸν δὲ φυλάσσοντα αὐτὸν τὴν μὲν Μέρριν θάψαι, τὸν
δὲ ποταμὸν καὶ τὴν ἐν ἐκείνῳ πόλιν Μερόην προσ-
αγορεῦσαι. τιμᾶσθαι δὲ τὴν Μέρριν ταύτην ὑπὸ
90 τῶν ἐγχωρίων οὐκ ἔλαττον ἢ τὴν Ἶσιν. Ἀάρωνα δὲ
τὸν τοῦ Μωῦσου ἀδελφὸν τὰ περὶ τὴν ἐπιβουλὴν
ἐπιγνόντα, συμβουλεῦσαι τῷ ἀδελφῷ φυγεῖν εἰς τὴν
Ἀραβίαν · τὸν δὲ πεισθέντα, ἀπὸ Μέμφεως τὸν
Νεῖλον διαπλεύσαντα, ἀπαλλάσσεσθαι εἰς τὴν
95 Ἀραβίαν. τὸν δὲ Χανεθώθην πυθόμενον τοῦ Μωῦ-
σου τὴν φυγὴν ἐνεδρεύειν ὡς ἀναιρήσοντα. ἰδόντα
δὲ ἐρχόμενον σπάσασθαι τὴν μάχαιραν ἐπ᾽ αὐτόν.
τὸν δὲ Μώϋσον προκαταταχήσαντα τήν τε χεῖρα

κατασχεῖν αὐτοῦ καὶ σπασάμενον τὸ ξίφος φονεῦ-
100 σαι τὸν Χανεθώθην.   διεκδρᾶναι δὲ εἰς τὴν Ἀρα-
βίαν καὶ Ῥαγουήλῳ τῷ τῶν τόπων ἄρχοντι συμ-
βιοῦν, λαβόντα τὴν ἐκείνου θυγατέρα.   τὸν δὲ
Ῥαγουῆλον βούλεσθαι στρατεύειν ἐπὶ τοὺς Αἰγυ-
πτίους, κατάγειν βουλόμενον τὸν Μώϋσον καὶ τὴν
105 δυναστείαν τῇ τε θυγατρὶ καὶ τῷ γαμβρῷ κατα-
σκευάσαι.   τὸν δὲ Μώϋσον ἀποκωλῦσαι, στοχαζό-
μενον τῶν ὁμοφύλων.   τὸν δὲ Ῥαγουῆλον διακω-
λύοντα στρατεύειν τοῖς Ἄραψι, προστάξαι
λῃστεύειν τὴν Αἴγυπτον.   ὑπὸ δὲ τὸν αὐτὸν
110 χρόνον καὶ τὸν Χενεφρῆν πρῶτον ἁπάντων ἀνθρώ-
πων ἐλεφαντιάσαντα μεταλλάξαι.   τούτῳ δὲ τῷ
πάθει περιπεσεῖν διὰ τὸ τοὺς Ἰουδαίους προστάξαι
σινδόνας ἀμφιέννυσθαι, ἐρεᾶν δ' ἐσθῆτα μὴ ἀμπέ-
χεσθαι, ὅπως ὄντες ἐπίσημοι κολάζωνται ὑπ'
115 αὐτοῦ.   τὸν δὲ Μώϋσον εὔχεσθαι τῷ θεῷ, ἤδη ποτὲ
τοὺς λαοὺς παῦσαι τᾶν κακοπαθειῶν.   ἱλασκο-
μένου δ' αὐτοῦ, αἰφνιδίως φησὶν ἐκ τῆς γῆς πῦρ
ἀναφθῆναι, καὶ τοῦτο κάεσθαι, μήτε ὕλης μήτε ἄλ-
λης τινὸς ξυλείας οὔσης ἐν τῷ τόπῳ.   τὸν δὲ
120 Μώϋσον δείσαντα τὸ γεγονὸς φεύγειν · φωνὴν δ'
αὐτῷ θείαν εἰπεῖν στρατεύειν ἐπ' Αἴγυπτον, καὶ
τοὺς Ἰουδαίους διασώσαντα εἰς τὴν ἀρχαίαν ἀγα-
γεῖν πατρίδα.   τὸν δὲ θαρρήσαντα δύναμιν πολε-
μίαν ἐπάγειν διαγνῶναι τοῖς Αἰγυπτίοις.   πρῶτον
125 δὲ πρὸς Ἀάρωνα τὸν ἀδελφὸν ἐλθεῖν.   τὸν δὲ
βασιλέα τῶν Αἰγυπτίων πυθόμενον τὴν τοῦ Μωϋ-
σου παρουσίαν καλέσαι πρὸς αὐτὸν καὶ πυνθάνε-
σθαι ἐφ' ὅ τι ἥκοι · τὸν δὲ φάναι, προστάξαι αὐτῷ

τὸν τῆς οἰκουμένης δεσπότην ἀπολῦσαι τοὺς Ἰου-
130 δαίους. τὸν δὲ πυθόμενον εἰς φυλακὴν αὐτὸν κα-
θεῖρξαι. νυκτὸς δὲ ἐπιγενομένης, τάς τε θύρας
πάσας αὐτομάτως ἀνοιχθῆναι τοῦ δεσμωτηρίου,
καὶ τῶν φυλάκων οὓς μὲν τελευτῆσαι, τινὰς δὲ
ὑπὸ τοῦ ὕπνου παρεθῆναι, τά τε ὅπλα κατεαγῆναι.
135 ἐξελθόντα δὲ τὸν Μώϋσον ἐπὶ τὰ βασίλεια ἐλθεῖν ·
εὑρόντα δὲ ἀνεῳγμένας τὰς θύρας εἰσελθεῖν, καὶ ἐν-
θάδε τῶν φυλάκων παρειμένων τὸν βασιλέα ἐξεγεῖ-
ραι. τὸν δὲ ἐκπλαγέντα ἐπὶ τῷ γεγονότι κελεῦσαι τῷ
Μωύσῳ τὸ τοῦ πέμψαντος αὐτὸν θεοῦ εἰπεῖν ὄνομα,
140 διαχλευάσαντα αὐτόν. τὸν δὲ προσκύψαντα πρὸς
τὸ οὖς εἰπεῖν, ἀκούσαντα δὲ τὸν βασιλέα πεσεῖν
ἄφωνον, διακρατηθέντα δὲ ὑπὸ τοῦ Μωύσου πάλιν
ἀναβιῶσαι. γράψαντα δὲ τοὔνομα εἰς δέλτον
κατασφραγίσασθαι · τῶν δὲ ἱερέων τὸν ἐκφαυλί-
145 σαντα τὰ ἐν τῇ πινακίδι γεγραμμένα μετὰ σπασμοῦ
τὸν βίον ἐκλιμπάνειν · εἰπεῖν τε τὸν. βασιλέα
σημεῖόν τι αὐτῷ ποιῆσαι · τὸν δὲ Μώϋσον ἣν εἶχε
ῥάβδον ἐκβαλόντα ὄφιν ποιῆσαι · πτοηθέντων δὲ
πάντων, ἐπιλαβόμενον τῆς οὐρᾶς ἀνελέσθαι καὶ
150 πάλιν ῥάβδον ποιῆσαι · προελθόντα δὲ μικρὸν τὸν
Νεῖλον τῇ ῥάβδῳ πατάξαι · τὸν δὲ ποταμὸν πο-
λύχουν γενόμενον κατακλύζειν ὅλην τὴν Αἴγυπτον.
ἀπὸ τότε δὲ καὶ τὴν κατάβασιν αὐτοῦ γίνεσθαι.
συναγαγὸν δὲ τὸ ὕδωρ ἀποζέσαι καὶ τὰ ποτάμια
155 διαφθεῖραι ζῷα, τούς τε λαοὺς διὰ τὴν δίψαν φθεί-
ρεσθαι. τὸν δὲ βασιλέα, τούτων γενομένων τῶν
τεράτων, φάναι μετὰ μῆνα τοὺς λαοὺς ἀπολύσειν,
ἐὰν ἀποκαταστήσῃ τὸν ποταμόν. τὸν δὲ Μώϋσον

πάλιν τῇ ῥάβδῳ πατάξαντα τὸ ὕδωρ συστεῖλαι τὸ
160 ῥεῦμα. τούτου δὲ γενομένου, τὸν βασιλέα τοὺς
ἱερεῖς τοὺς ὑπὲρ Μέμφιν καλέσαι καὶ φάναι αὐτοὺς
ἀναιρήσειν καὶ τὰ ἱερὰ κατασκάψειν, ἐὰν μὴ καὶ
αὐτοὶ τερατουργήσωσι. τοὺς δὲ τότε διά τινων
μαγγάνων καὶ ἐπαοιδῶν δράκοντα ποιῆσαι καὶ τὸν
165 ποταμὸν μεταχρῶσαι. τὸν δὲ βασιλέα φρονημα-
τισθέντα ἐπὶ τῷ γεγονότι, πάσῃ τιμωρίᾳ καὶ κολάσει
καταικίζειν τοὺς Ἰουδαίους. τὸν δὲ Μώϋσον ταῦτα
ὁρῶντα ἄλλα τε σημεῖα ποιῆσαι, καὶ πατάξαντα
τὴν γῆν τῇ ῥάβδῳ ζῷόν τι πτηνὸν ἀνεῖναι λυμαί-
170 νεσθαι τοὺς Αἰγυπτίους, πάντα τε ἐξελκωθῆναι τὰ
σώματα. τῶν δὲ ἰατρῶν μὴ δυναμένων ἰᾶσθαι
τοὺς κάμνοντας, οὕτω πάλιν ἀνέσεως τυχεῖν τοὺς
Ἰουδαίους πάλιν τε τὸν Μώϋσον βάτραχον διὰ τῆς
ῥάβδου ἀνεῖναι, πρὸς δὲ τούτοις ἀκρίδας καὶ σκνί-
175 φας. διὰ τοῦτο δὲ καὶ τοὺς Αἰγυπτίους τὴν ῥάβδον
ἀνατιθέναι εἰς πᾶν ἱερὸν, ὁμοίως δὲ καὶ τῇ Ἴσιδι,
διὰ τὸ τὴν γῆν εἶναι Ἴσιν, παιομένην δὲ τῇ ῥάβδῳ
τὰ τέρατα ἀνεῖναι. τοῦ δὲ βασιλέως ἔτι ἀφρονου-
μένου, τὸν Μώϋσον χάλαζάν τε καὶ σεισμοὺς διὰ
180 νυκτὸς ἀποτελέσαι, ὥστε τοὺς τὸν σεισμὸν φεύγον-
τας ἀπὸ τῆς χαλάζης ἀναιρεῖσθαι, τούς τε τὴν
χάλαζαν ἐκκλίνοντας ὑπὸ τῶν σεισμῶν διαφθεί-
ρεσθαι. συμπεσεῖν δὲ τότε τὰς μὲν οἰκίας πάσας
τῶν τε ναῶν τοὺς πλείστους. τελευταῖον τοιαύταις
185 συμφοραῖς περιπεσόντα τὸν βασιλέα τοὺς Ἰουδαί-
ους ἀπολῦσαι. τοὺς δὲ χρησαμένους παρὰ τῶν Αἰ-
γυπτίων πολλὰ μὲν ἐκπώματα, οὐκ ὀλίγον δὲ
ἱματισμὸν, ἄλλην τε παμπληθῆ γάζαν, διαβάντας

τοὺς κατὰ τὴν Ἀραβίαν ποταμοὺς, καὶ διαβάντας
190 ἱκανὸν τόπον ἐπὶ τὴν ἐρυθρὰν τριταίους ἐλθεῖν
θάλασσαν. καὶ Μεμφίτας μὲν οὖν λέγειν ἔμπειρον
ὄντα τὸν Μώϋσον τῆς χώρας τὴν ἄμπωτιν τηρή-
σαντα διὰ ξηρᾶς τῆς θαλάσσης τὸ πλῆθος περαιῶ-
σαι· Ἡλιουπολίτας δὲ λέγειν ἐπικαταδραμεῖν τὸν
195 βασιλέα μετὰ πολλῆς δυνάμεως, ἅμα καὶ τοῖς
καθιερωμένοις ζώοις, διὰ τὸ τὴν ὕπαρξιν τοὺς
Ἰουδαίους τῶν Αἰγυπτίων χρησαμένους διακομίζειν.
τῷ δὲ Μωϋσῳ θείαν φωνὴν γενέσθαι, πατάξαι τὴν
θάλασσαν τῇ ῥάβδῳ· τὸν δὲ Μώϋσον ἀκούσαντα
200 ἐπιθιγεῖν τῇ ῥάβδῳ τοῦ ὕδατος, καὶ οὕτω τὸ μὲν
νᾶμα διαστῆναι, τὴν δὲ δύναμιν διὰ ξηρᾶς ὁδοῦ
πορεύεσθαι. Συνεμβάντων δὲ τῶν Αἰγυπτίων καὶ
διωκόντων, φησὶ πῦρ αὐτοῖς ἐκ τῶν ἔμπροσθεν
ἐκλάμψαι, τὴν δὲ θάλασσαν πάλιν τὴν ὁδὸν ἐπι-
205 κλύσαι, τοὺς δὲ Αἰγυπτίους ὑπό τε τοῦ πυρὸς καὶ
τῆς πλημμυρίδος πάντας διαφθαρῆναι, τοὺς δὲ
Ἰουδαίους διαφυγόντας τὸν κίνδυνον, τριάκοντα ἔτη
ἐν τῇ ἐρήμῳ διατρίψαι, βρέχοντος αὐτοῖς τοῦ θεοῦ
κρῖμνον, ὅμοιον ἐλύμῳ, χίονι παραπλήσιον τὴν
210 χρόαν. γεγονέναι δέ φησι τὸν Μώϋσον μακρὸν,
πυρρακῆ, πολιὸν, κομήτην, ἀξιωματικόν. ταῦτα
δὲ πρᾶξαι περὶ ἔτη ὀγδοήκοντα ἐννέα.

—Eus., ix, 27

2. Μεμψασθενώθ: i. e., Isaac. The origin of the name
is as yet only conjectural.

5. Παλμανώθην: the little knowledge we have of the
period, Dynasties 13-17, is derived largely from a frag-
ment from Manetho preserved in Jos., *Ag. Apion.*, i,

14 f.; cf. Petrie, *History of Egypt*, I, pp. 16 ff. The Old
Testament narrative is brevity itself, Gen. 50:22 ff.;
Exod., chaps. 18 ff. So Jos., *Antt.*, II, ix, 1. See Brugsch,
Egypt under the Pharaohs, chaps. v, vi. The Pharaoh
of the oppression, Exod. 1:8, is generally thought to be
Ramses II (1292–1225). If the Merneptah inscription
represents Israel as back in Canaan, then Merneptah
(1225–1215) was the oppressor of the Hebrews. See
Müller, *Encyclopaedia Biblica*, III, col. 3688.

6. Κεσσάν: Fragment 2, l. 23; Heinichen suggests
the land Goshen has been here mistaken for a city. Cf.
Exod. 9:26 (LXX) Γέσεμ.

8. ναόν: the usual distinction, LS., *s. v.*, II, hardly
holds here.

9. Μέρριν: Thermuthis in Jos., *Antt.*, II, ix, 5. See
l. 87 below.—Χενεφρῆ: τῶν ὑπὲρ Μέμφιν τόπων probably
refers to the southern district of Egypt, i. e., about
Thebes. See Philo, *Life of Moses*, i, 20, 118; l. 158
below. Breasted, *History of Egypt*, pp. 221 ff.: there
were in the Hyksos period and later, kings by the name
of Sekenenre.

14. Μουσαῖον: pre-Homeric seer and priest.

16. Ὀρφέως: received his lyre from Apollo, his instruc-
tion from the Muses.

17 ff. Cf. Jos., *Antt.*, II, x; II, ix, 7, and Acts 7:20 ff.;
cf. below, ll. 210 ff.

18. μηχανὰς π. τ. λιθοθεσίας: "hurling engines."

21. νομούς: this division dated back to the old king-
dom (Breasted, *op. cit.*, p. 79).

23. On animal worship see Steindorff, *Religion of
the Ancient Egyptians*, pp. 157 ff. On Egyptian reli-
gions, see Dümichen, *Geschichte des alten Aegyptens*,
III, chap. iii.

25. χάριν τοῦ . . . . φυλάξαι: "to preserve the king-
dom safe for Chenefren." See LS., *s. v.* χάρις, VI, 1.

29. ἐνιάκις = ἐνίοτε, Sophocles, *Lexicon*, *s. v.*

85. Cf. Jos., *Antt.*, II, x.

39. συγγένων: so Gaisford and Dindorf.

45. προκαθεδουμένους: for προκαθέξειν; expressing purpose, GMT., 840.

51. "For the reason that this destroys the creatures that injure men," Jos., *Antt.*, II, x, 2.

52. This city Saba (Jos., *Antt.*, II, x) was called by Cambyses Meroe.

63. τὸ πλῆσιον ὄρος: "the neighboring mountain."

64. Ναχέρωντα: only the name of this official is now known; so in l. 76.

66. εἴ τι: LS., p. 413, col. 1, bottom; "whatever other thing is useful for men."

77. Χανεθώθην: some MSS omit final -η.

82. τὸ σῶμα διακομίσαντας: so Gaisford, Dindorf.

118. Cf. Exod., chap. 3.

128. ἥκοι: GGr., 1480, MT., 665³. ὅτι, Hein. ὅτῳ.

προστάξαι: διότι προστάσσειν; so Gaisford and Dindorf.

132. On Moses in Hellenistic literature, see Köhler in *Jewish Encyclopedia*, IX, 56 f.

139. See probable basis of this story, Exod. 3:13 ff.

148. See Exod. 7:8 ff.

153. Artapanus must be giving here what was current folklore among the Jewish population.

163. τερατουργήσωσι: Gaisford and Dindorf.

164. On Egyptian magic see Steindorff, *Religion of the Ancient Egyptians*, Lecture IV.

168. The writer seems to be following vaguely Exod. 7:17 ff.

Exodus	Artapanus	Ezekiel (p. 131)
αἷμα	αἷμα	
βάτραχοι	ζῷόν τί πτῆνον	
σκνίφες	βάτραχος	
κυνομυία	ἀκρίδες	

Exodus	Artapanus	Ezekiel (p. 131)
θάνατος μέγας	σκνίφες	
ἕλκη	χάλαζα	
χάλαζα	σεισμοί	
ἀκρίδες		
σκότος		
πρωτοτόκοι		

Cf. also Philo, *Life of Moses*, chap. xvii.

185. See Exod. 12:31.

186. Exod. 12:35 f.

191 ff. Memphis and Heliopolis represent lower and middle Egypt. The latter legend (ll. 191 ff.) we should expect from Heliopolis; from early times down a sacred, priestly city. See Philo, *Life of Moses*, I, 20, 115; 21, 120; Ezek., Fragment 9.

200. ῥάβδῳ: Dindorf and Gaisford (many codd.) add, καὶ διαστῆναι: possibly a repetition of διαστῆναι in succeeding line.

205. The basis is probably Exod. 14:20.

210. Exod. 16:13 ff.

ARISTEAS

Of Aristeas, of whose book Περὶ Ἰουδαίων a single fragment has been preserved, almost nothing is known. The likeness of his name to that of the author of the letter on the Septuagint is regarded as only accidental. His book shows dependence on the Greek Job; his era is probably to be placed in the second century B. C.

SOURCES: Eusebius, ix, 25.

REFERENCES: Susemihl, II, p. 651; Schürer, III, pp. 356 f.; Christ, p. 668; Müller, III, p. 220.

FRAGMENT 1

Job, a rich countryman of Uz, lost his wealth through misfortunes and himself was afflicted with boils. Friends could not comfort him. But at last he was made richer than ever.

Ἀρισταίας δέ φησιν ἐν τῷ περὶ Ἰουδαίων, τὸν
Ἡσαῦ γήμαντα Βασσάρας υἱὸν ἐν Ἐδὼν γεννῆσαι
υἱόν. κατοικεῖν δὲ τοῦτον ἐν τῇ Λυσίτιδι χώρᾳ,
ἐπὶ τοῖς ὅροις τῆς Ἰδουμαίας καὶ Ἀραβίας. γε-
5 νέσθαι δ' αὐτὸν δίκαιον καὶ πολύκτηνον. κτή-
σασθαι γὰρ αὐτὸν πρόβατα μὲν ἑπτακισχίλια,
καμήλους δὲ τρισχιλίας, ζεύγη βοῶν πεντακόσια,
ὄνους θηλείας νομάδας πεντακοσίας. εἶχε δὲ καὶ
γεωργίας ἱκανάς. τοῦτον δὲ τὸν Ἰὼβ πρότερον
10 Ἰωβὰμ ὀνομάζεσθαι. πειράζοντα δ' αὐτὸν τὸν

θεὸν ἐμμεῖναι, μεγάλαις δὲ περιβαλεῖν αὐτὸν ἀτυ-
χίαις. πρῶτον μὲν γὰρ αὐτοῦ τοὺς τὲ ὄνους καὶ
βοῦς ὑπὸ λῃστῶν ἀπελαθῆναι, εἶτα τὰ πρόβατα
ὑπὸ τοῦ πυρὸς ἐκ τοῦ οὐρανοῦ πεσόντος κατακαῆ-
15 ναι σὺν τοῖς ποιμέσι. μετ' οὐ πολὺ δὲ καὶ τὰς
καμήλους ὑπὸ λῃστῶν ἀπελαθῆναι· εἶτα τὰ τέκνα
αὐτοῦ ἀποθανεῖν, πεσούσης τῆς οἰκίας, αὐθήμερον
δὲ αὐτοῦ καὶ τὸ σῶμα ἑλκῶσαι. φαύλως δὲ αὐτοῦ
διακειμένου, ἐλθεῖν εἰς ἐπίσκεψιν Ἐλίφαν τὸν
20 Θαιμανίτων βασιλέα καὶ Βαλδὰδ τῶν Σαυχαίων
τύραννον καὶ Σωφὰρ τὸν Μανναίων βασιλέα,
ἐλθεῖν δὲ καὶ Ἐλιοῦν τὸν Βαραχιὴλ τὸν Ζωβίτην.
παρακαλουμένων δὲ, φάναι καὶ χωρὶς παρακλή-
σεως ἐμμενεῖν αὐτὸν ἔν τε τῇ εὐσεβείᾳ καὶ τοῖς
25 δεινοῖς. τὸν τὲ θεὸν, ἀγασθέντα τὴν εὐψυχίαν αὐ-
τοῦ, τῆς τε νόσου αὐτὸν ἀπολῦσαι, καὶ πολλῶν
κύριον ὑπάρξεων ποιῆσαι.   —Eus., ix, 25

2. Βασσάρας: So reads LXX applicable to Job (pos-
sibly, as Freudenthal, notes by, or built up on, Aristeas);
see Swete, *Introduction to the Old Testament in Greek*,
pp. 256 f.: really Job's native place, rather than mother,
a leading city of Edom; cf. Isa. 34: 6; Jer. 49: 13; Amos
1: 12. The Old Testament (Gen. 36: 1 ff.) gives the
names of Esau's wives as Adah, Oholibamah, and Base-
math (26: 34, Judith and Basemath) with which Jos.,
Antt., I, xviii, 4; II, i, 2, agrees. A later tradition adds
Dinah, daughter of Jacob.

8. υἱόν: Heinichen suggests the reading Ἰώβ, *Esaum
ex Bassara coniuge Joham in Idumaea filium genu-
isse.* Others would delete the υἱόν in l. 3.

8. Λυσίτιδι: LXX, appendix to Job, reads Αὐσίτιδι,
i. e., the land of Ausis, Greek for Uz, LXX Job 1: 1.

10. Ἰοβάμ: Greek appendix to Job, Ἰωβάβ. Job is here also confounded with Jobab, king of Edom (Gen. 36:33), and a great-grandson of Esau (Gen. 36:1 ff.).

19. So also the Greek appendix to Job:

> Ἐλειφὰς τῶν Ἡσαῦ υἱῶν, Θαιμανῶν βασιλεύς,
> Βαλδὰδ ὁ Σαυχαίων τύραννος,
> Σωφὰρ ὁ Μειναίων βασιλεύς.

MALCHUS

Malchus (Cleodemus?) a Jewish (possibly Samaritan) writer left a treatise, Περὶ Ἰουδαίων, of which a fragment has survived. To an unusual degree this writer mingled Greek and Jewish traditions.

Sources: Eus., ix, 20; Jos., *Antt.*, I, xv.

References: Schürer, III, pp. 357 f.; Susemihl, II, p. 652; Müller, III, p. 214.

FRAGMENT 1

To Abraham and Keturah many sons were born; Assyria was named for one, Africa for others. From Hercules and a granddaughter of Abraham were descended the Sophanians.

Κλεόδημος δέ φησιν ὁ προφήτης, ὁ καὶ Μαλχᾶς, ἱστορῶν τὰ περὶ Ἰουδαίων, καθὼς καὶ Μωσῆς ἱστόρηκεν ὁ νομοθέτης αὐτῶν, ὅτι ἐκ Χεττούρας Ἀβραάμῳ ἐγένοντο παῖδες ἱκανοί· λέγει δὲ αὐτῶν
5 καὶ τὰ ὀνόματα, ὀνομάζων τρεῖς, Ἀφέρ, Ἀσοὺρ, Ἀφράν. καὶ ἀπὸ Ἀσοὺρ μὲν τὴν Ἀσσυρίαν, ἀπὸ δὲ τῶν δύο, Ἀφρά τε καὶ Ἀφέρ, πόλιν τε Ἀφρὰν καὶ τὴν χώραν Ἀφρικὰ ὀνομασθῆναι. τούτους δὲ Ἡρακλεῖ συστρατεῦσαι ἐπὶ Λιβύην καὶ Ἀνταῖον·
10 γήμαντα δὲ τὴν Ἀφρὰ θυγατέρα Ἡρακλέα γεννῆσαι υἱὸν ἐξ αὐτῆς Διόδωρον. τούτου δὲ γενέσθαι Σοφωνᾶν, ἀφ' οὗ τοὺς βαρβάρους Σοφὰς λέγεσθαι.

—Eus., ix, 20

1. ὁ καὶ Μαλχᾶς: cf. Acts 13:9, Ctesias (ed. Baehr), p. 76, §48 (*Journal of Biblical Literature*, XIX, Pt. I, p. 53).

6. For the descendants of Abraham and Keturah see Gen. 25:1 ff., where the line is—

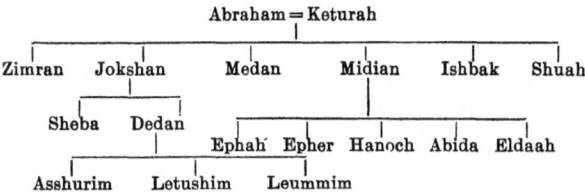

Jos., *Antt.*, I, xv, gives this passage with slight variations: Μάλχος . . . . Μωυσῆς ἱστόρησεν . . . . Κατούρας Ἀβράμῳ . . . . Ἰαφέραν Σούρην Ἰαφράν. ἀπὸ Σούρου μὲν τὴν Ἀσσυρίαν κεκλῆσθαι . . . . Ἰαφρᾶ . . . . Ἰαφέρου . . . . Ἐφρᾶν. τούτους γὰρ . . . . γήμαντά τε τὴν Ἀφράνου . . . . Δίδωρον. . . . . Σόφωνα . . . . Σόφακας.

8. Ἀφρικά: derived from Punic Frigi.

9. Ἀνταῖον: Apollodorus, ii, 5, tells the story of Antaeus, son of Poseidon and Ge, a giant who dwelt in Libya. His marriage with a daughter of Aphra is based on Hercules' travels through Africa. The attempt of the Grecizing Jew is clear here to bridge over the gap between Jew and Greek, to make Judaism more acceptable to the western world.

THALLUS

There have been preserved by Eusebius, Theophilus (bishop of Antioch, A. D. 169–ca. 181; Eus., *H. E.*, iv, 20), and Georgius Syncellus (Krumbacher, pp. 339 ff.) fragments of a writer, Thallus, a Syrian—probably a Samaritan. Thallus compiled a chronology covering the period from the sack of Troy to his own time. He was probably a younger contemporary of Josephus, though not to be confounded with a supposed Thallus in Jos., *Antt.*, XVIII, vi, 4 (where the Greek codd. read ἄλλος: the Latin codd., Thallus. The emendation Θαλλος is rejected by Niese, doubted by Schürer). The character of his work, of which there were at least three books (Eus., *Chronicae*), shows Thallus to have been a Grecizing Samaritan (cf. Tertullian, *Apology*, 19; Lactantius, i, 23).

Sources: Theophilus, *Ad Autolycum*, iii, 29.

References: Schürer, III, pp. 368 ff.; Christ., p. 705; Müller, III, pp. 517 ff. On Syncellus see Krumbacher, pp. 339 ff.

FRAGMENT 1

Forty-one kings ruled Assyria from Belus I until the time of Sardanapalus, as attested by many notable historians.

Ταύτην (i. e., τῶν ᾿Αράβων βασιλείαν) ᾿Ασσυρίων μα´ διεδέξαντο βασιλεῖς. . . . . ἀπὸ τοῦ πρώ-

του αὐτῶν Βήλου ἕως τοῦ μα΄ Μακοσκολέρου τοῦ
καὶ Σαρδαναπάλλου, ὡς συμφωνοῦσι πολλοὶ τῶν
5 ἐπισήμων ἱστορικῶν, Πολύβιος καὶ Διόδωρος,
Κεφαλίων τε καὶ Κάστωρ καὶ Θάλλος καὶ ἕτεροι.

—Syncellus, *Chronographia*, p. 92 B (Müller)

8. Μακοσκολέρου: another name for Ashur-bani-pal
(i. e., Ashur is the creator of a son). On τοῦ καί, cf.
under Malchus, p. 56.

The Greeks regarded Sardanapalus as a type of
the luxurious, effeminate king, and this may be a com-
pound of some such words as μαλακός, χαλαρός, whence,
in time, Μα(λα)κοσχαλαρος.

FRAGMENT 2

According to the history of Thallus Bēl flour-
ished 322 years before the Trojan War.

κατὰ γὰρ τὴν Θάλλου ἱστορίαν ὁ Βῆλος προγενέ-
στερος εὑρίσκεται τοῦ Ἰλιάκου πολέμου ἔτεσι τκβ΄.

—Theophilus, *Ad Autolycum*, iii, 29

FRAGMENT 3

According to Diodorus Siculus and other writers
Cyrus began to reign in the first year of the fifty-
fifth Olympiad.

Κῦρος Περσῶν ἐβασίλευεν, ᾧ ἔτει Ὀλυμπιὰς
ἤχθη νε΄, ὡς ἐκ τῶν Βιβλιοθηκῶν Διοδώρου καὶ τῶν
Θαλλοῦ καὶ Κάστορος ἱστοριῶν, ἔτι δὲ Πολυβίου
καὶ Φλέγοντός ἐστιν εὑρεῖν.   —Eus., x, 10

1. ἐβασίλευεν: Gaisford and Dindorf here read the
aorist.

2. ἤχθη: ingressive aorist: Gildersleeve, *Syntax*, 239,
GGr, 1260.

FRAGMENT 4

Belus aided the Titans in their war against Zeus
and his allies. The defeated Ogyges fled to
Tarshish, his country.

Βήλου τοῦ Ἀσσυρίων βασιλεύσαντος καὶ Κρόνου
τοῦ Τιτᾶνος Θάλλος μέμνηται, φάσκων τὸν Βῆλον
πεπολεμηκέναι σὺν τοῖς Τιτᾶσι πρὸς τὸν Δία καὶ
τοὺς σὺν αὐτῷ θεοὺς λεγομένους, ἔνθα φησίν. καὶ
5 Ὤγυγος ἡττηθεὶς ἔφυγεν εἰς Ταρτησσόν. τότε μὲν
τῆς χώρας ἐκείνης ἀκτῆς κληθείσης, νῦν δὲ Ἀττικῆς
προσαγορευομένης, ἧς Ὤγυγος τότε ἦρξε· καὶ τὰς
λοιπὰς δὲ χώρας καὶ πόλεις, ἀφ᾽ ὧν τὰς προσονυμίας
ἔσχον, οὐκ ἀναγκαῖον ἡγούμεθα καταλέγειν, μάλιστα
10 πρὸς σὲ τὸν ἐπιστάμενον τὰς ἱστορίας.

—THEOPHILUS, *Ad Autolycum*, iii, 29

1. Βήλου: a traditional king of Assyria, father of
Ninus, date not determined.

5. Ταρτησσόν: Thallus has evidently fallen into
error. If, as Cheyne thinks, Tiras (Gen. 10:2) is the
same as Tarshish (Gen. 10:4; cf. Mitchell, *World before
Abraham*, p. 237), or even if Tartessus be not the same
as Tarshish in Spain, as LS., *s. v.*, we may have a clue.
Thallus may have confounded Ogyges, reputed first
king of Thebes (Ogygia) and Gyges, king of Lydia, B. C.
ca. 680. Further, Tyrrhenus, son of the Lydian king
Atys, is said to have led a Pelasgian colony from Lydia
into Italy, or, as some believe, the shores of Europe west
of Greece.

6. Ἀττικῆς: The Boeotian story is here blended with
that of Attica. Similar deluge stories appear in the

traditions of the two states. It is not a question of historical data but of tracing the writer's error.

8. προσονυμίας = προσονν(ο)μασίας.

FRAGMENT 5

From the time of Ogyges until the first Olympiad was 1,020 years, which period is touched upon by many historians.

ἀπὸ 'Ωγύγου τοῦ παρ' ἐκείνοις αὐτόχθονος πιστευθέντος, ἐφ' οὗ γέγονεν ὁ μέγας καὶ πρῶτος ἐν τῇ 'Αττικῇ κατακλυσμὸς, Φορωνέως 'Αργείων βασιλεύοντος, ὡς 'Ακουσίλαος ἱστορεῖ, μέχρι
5 πρώτης 'Ολυμπιάδος, ὁπόθεν Ἕλληνες ἀκριβοῦν τοὺς χρόνους ἐνόμισαν, ἔτη συνάγεται χίλια εἴκοσιν, ὡς καὶ τοῖς προειρημένοις συμφωνεῖ καὶ τοῖς ἐξῆς δειχθήσεται. ταῦτα γὰρ 'Αθηναίων ἱστοροῦντες, 'Ελλάνικός τε καὶ Φιλόχορος ὁ τὰς 'Ατθίδας, οἵ τε
10 τὰ Σύρια Κάστωρ καὶ Θάλλος, καὶ τὰ πάντων Διόδωρος ὁ τὰς Βιβλιοθήκας, 'Αλέξανδρός τε ὁ Πολυΐστωρ, καί τινες τῶν καθ' ἡμᾶς ἀκριβέστερον ἐμνήσθησαν καὶ τῶν 'Αττικῶν ἁπάντων. εἴ τις οὖν ἐν τοῖς χιλίοις εἴκοσιν ἔτεσιν ἐπίσημος ἱστορία
15 τυγχάνει, κατὰ τὸ χρήσιμον ἐκλεγήσεται.

—Eus., x, 10

1. 'Ωγύγου: 776 + 1020 = 1796 years B. C. The son of Boeotus was the first ruler of Thebes, hence Thebes was also called Ogygia.

2. ἐφ' οὗ: "time within which," GGr, 1136; Kühner, *Gram.*, 419, 2, 6.

9. Dindorf here reads, noting Justin Martyr, chap. ix: οἱ τὰ 'Αθ., but Vigerus *om.·* 'Αθηναίων; and Gaisford

approves. 'Ελλάνικος: Greek chronicler, *floruit* B. C. 450; was the first to introduce systematic chronological arrangement into the traditional periods of Greek history. Φιλόχορος: Athenian, author of a history of Athens to B. C. 262; put to death by Antigonus Gonatas, B. C. 260.

ὁ τάς: Heinichen and Gaisford read οἱ τάς.

'Ατθίδας: the title of Philochorus' book.

10. Κάστωρ: chronicler of Rhodes: his history extends from the time of Belus to B. C. 60.

11. Διόδωρος: Diodorus Siculus lived in the time of Augustus, author of Βιβλιοθήκη Ἱστορική covering the period from before the Trojan war to the end of Caesar's war in Gaul.

'Αλέξανδρος: from Pergamus; prisoner of war in time of Sulla, afterward freed. He was a voluminous writer on historical and scientific subjects. For his varied learning called Polyhistor (Christ, 609).

FRAGMENT 6

Throughout all the world occurred a terrifying darkness (by some thought to have been an eclipse), the rocks were rent by an earthquake, and most of Judaea and the rest of the world was overthrown.

καθ' ὅλου τοῦ κόσμου σκότος ἐπήγετο φοβερώτατον, σεισμῷ τε αἱ πέτραι διερρήγνυντο καὶ τὰ πολλὰ Ἰουδαίας καὶ τῆς λοιπῆς γῆς κατερρίφθη. τοῦτο τὸ σκότος ἔκλειψιν τοῦ ἡλίου Θάλλος ἀπο-
5 καλεῖ ἐν τρίτῃ τῶν Ἱστοριῶν, ὡς ἐμοὶ δοκεῖ ἀλόγως.   —SYNCELLUS, *Chronographia*, p. 322c

2. τὰ πολλά: see LS., *s. v.*, II, 3, *d.*

ANONYMOUS

Through Polyhistor two fragments have come down. The shorter one is anonymous ('Εν τοῖς ἀδεσπότοις); the longer passage professes to be from Eupolemus, but this involves certain difficulties. (1) Eupolemus (Fragment 1) makes Moses the pioneer in the teaching of wisdom (πρῶτον σόφον); according to this fragment this honor must be ascribed to Abraham (cf. 17 ff.). (2) A Jewish writer, like Eupolemus, would hardly accord to Abraham divine honors at Gerizim, 'Αργαριζίν, ὃ εἶναι μεθερμηνευόμενον ὄρος ὑψίστου, nor would he style Gerizim ὄρος ὑψίστου. It is more natural to look for a Samaritan writer. Because of its similarity to the preceding fragment some, as Freudenthal, have regarded this a longer recension of the same original. This is plausible, although the smaller fragment seems too brief to afford a conclusion. Of both fragments perhaps the best we can say is that both are anonymous.

SOURCES: Eusebius, ix, 17, 18.

REFERENCES: Schürer, III, pp. 358 f.; Susemihl, p. 652; Müller, III, pp. 211 f.

FRAGMENT 1

An unknown writer traces Abraham's lineage to the giants. To him is ascribed the beginning of astrology among the Phoenicians and Egyptians.

ἐν δὲ ἀδεσπότοις εὕρομεν τὸν ᾿Αβραὰμ ἀναφέ-
ροντα εἰς τοὺς γίγαντας, τούτους δὲ οἰκοῦντας ἐν τῇ
Βαβυλωνίᾳ διὰ τὴν ἀσέβειαν ὑπὸ τῶν θεῶν ἀναι-
ρεθῆναι, ὧν ἕνα Βῆλον ἐκφεύγοντα τὸν θάνατον ἐν
5 Βαβυλῶνι κατοικῆσαι, πύργον τε κατασκευάσαντα
ἐν αὐτῷ διαιτᾶσθαι, ὃν δὴ ἀπὸ τοῦ κατασκευάσαντος
Βήλου Βῆλον ὀνομασθῆναι. τὸν δὲ ᾿Αβραμον τὴν
ἀστρολογικὴν ἐπιστήμην παιδευθέντα πρῶτον μὲν
ἐλθεῖν εἰς Φοινίκην καὶ τοὺς Φοίνικας ἀστρολογίαν
10 διδάξαι, ὕστερον δὲ εἰς Αἴγυπτον παραγενέσθαι.
—Eus., ix, 18

1. ἐν δὲ ἀδεσπότοις: *in an anonymous work.* LS., II,
and reff.; Soph., *Lex. s. v.;* Jos., *Ag. Apion,* i, 16, 31.
τοὺς γίγαντας: probably not a reference to the semi-
human peoples of Gen. 6:4, but a collective term for the
early inhabitants of Palestine. See Num. 13:22; Deut.
3:11; I Sam. 17:4; II Sam. 21:16; I Chron. 20:4. It is
not necessary here to bring in the fanciful notions of
the apocalyptic writers; cf., e. g., Enoch 7:2. Cf. *Baruch*
3:26 ff. Jewish tradition extended their habitat into
Mesopotamia; cf. *Jewish Encyclopedia,* V, 656. There
is doubtless a blending of the Greek mythological ideas.
4. Βῆλον: a traditional king of Assyria, father of
Ninus, date indeterminable. See here Tiele, *Bab.-as-
syr. Gesch.,* p. 518.
7. A different version is given in Gen. 11:9. The
native name was Bab-ili(u), Tiele, *Bab.-assyr. Gesch.,*
p. 72, Gate of God.
7 ff. See Jos., *Antt.,* I, viii, 2.

FRAGMENT 2

Abraham, a native of Ur, moves westward, settles
in Palestine, engages in war, receives gifts from

native princes, and teaches the people astrology.
The rival theories of the Babylonians and Greeks
are outlined.

Εὐπόλεμος δὲ ἐν τῷ περὶ Ἰουδαίων τῆς Ἀσσυρίας
φησὶ, πόλιν Βαβυλῶνα πρῶτον μὲν κτισθῆναι ὑπὸ
τῶν διασωθέντων ἐκ τοῦ κατακλυσμοῦ, εἶναι δὲ
αὐτοὺς γίγαντας, οἰκοδομεῖν δὲ τὸν ἱστορούμενον
5 πύργον, πεσόντος δὲ τούτου ὑπὸ τῆς τοῦ θεοῦ ἐνερ-
γείας, τοὺς γίγαντας διασπαρῆναι καθ᾽ ὅλην τὴν
γῆν. δεκάτῃ δὲ γενεᾷ, φησὶν, ἐν πόλει τῆς Βαβυ-
λωνίας Καμαρίνῃ, ἥν τινας λέγειν πόλιν Οὐρίην,
εἶναι δὲ μεθερμηνευομένην Χαλδαίων πόλιν, ἐν
10 τρισκαιδεκάτῃ γενέσθαι Ἀβραὰμ γενεᾷ, εὐγενείᾳ
καὶ σοφίᾳ πάντας ὑπερβεβηκότα, ὃν δὴ καὶ τὴν
ἀστρολογίαν καὶ Χαλδαϊκὴν εὑρεῖν, ἐπὶ τὲ τὴν
εὐσέβειαν ὁρμήσαντα, εὐαρεστῆσαι τῷ θεῷ. τοῦ-
τον δὲ διὰ τὰ προστάγματα τοῦ θεοῦ εἰς Φοινίκην
15 ἐλθόντα κατοικῆσαι καὶ τροπὰς ἡλίου καὶ σελήνης
καὶ τὰ ἄλλα πάντα διδάξαντα τοὺς Φοίνικας,
εὐαρεστῆσαι τῷ βασιλεῖ αὐτῶν. ὕστερον δὲ Ἀρμε-
νίους ἐπιστρατεῦσαι τοῖς Φοίνιξι· νικησάντων
δὲ καὶ αἰχμαλωτισαμένων τὸν ἀδελφιδοῦν αὐτοῦ,
20 τὸν Ἀβραὰμ μετὰ οἰκετῶν βοηθήσαντα, ἐγκρατῆ
γενέσθαι τῶν αἰχμαλωτισαμένων καὶ τῶν πολε-
μίων αἰχμαλωτίσαι τέκνα καὶ γυναῖκας. πρέσβεων
δὲ παραγενομένων πρὸς αὐτὸν, ὅπως χρήματα
λαβὼν ἀπολυτρώσῃ ταῦτα, μὴ προελέσθαι τοῖς
25 δυστυχοῦσιν ἐπεμβαίνειν, ἀλλὰ τὰς τροφὰς λα-
βόντα· τῶν νεανίσκων, ἀποδοῦναι τὰ αἰχμάλωτα,
ξενισθῆναί τε αὐτὸν ὑπὸ πόλεως ἱερὸν, Ἀργαριζὶν,

ὃ εἶναι μεθερμηνευόμενον ὄρος ὑψίστου, παρὰ δὲ
τοῦ Μελχισεδὲκ ἱερέως ὄντος τοῦ θεοῦ καὶ βασιλεύ-
30 οντος λαβεῖν δῶρα. λιμοῦ δὲ γενομένου, τὸν
᾿Αβραὰμ ἀπαλλαγῆναι εἰς Αἴγυπτον πανοικίᾳ
κἀκεῖ κατοικεῖν, τήν τε γυναῖκα αὐτοῦ τὸν βασιλέα
τῶν Αἰγυπτίων γῆμαι, φάντος αὐτοῦ ἀδελφὴν εἶναι.
περισσότερον δ᾽ ἱστόρησεν, ὅτι οὐκ ἠδύνατο αὐτῇ
35 συγγενέσθαι, καὶ ὅτι συνέβη φθείρεσθαι αὐτοῦ λαὸν
καὶ τὸν οἶκον. μάντεις δὲ, αὐτοῦ καλέσαντος,
τοῦτο φάναι, μή εἶναι χήραν τὴν γυναῖκα, τὸν δὲ
βασιλέα τὸν Αἰγυπτίων οὕτως ἐπιγνῶναι, ὅτι γυνὴ
ἦν τοῦ ᾿Αβραὰμ, καὶ ἀποδοῦναι αὐτὴν τῷ ἀνδρί.
40 Συξήσαντα δὲ τὸν ᾿Αβραὰμ ἐν Ἡλιουπόλει τοῖς
Αἰγυπτίων ἱερεῦσι, πολλὰ μεταδιδάξαι αὐτοὺς καὶ
τὴν ἀστρολογίαν καὶ τὰ λοιπὰ τοῦτον αὐτοῖς εἰση-
γήσασθαι, φάμενον Βαβυλωνίους ταῦτα καὶ αὐτὸν
εὑρηκέναι, τὴν δὲ εὕρεσιν αὐτῶν εἰς Ἐνὼχ ἀνα-
45 πέμπειν, καὶ τοῦτον εὑρηκέναι πρῶτον τὴν ἀστρο-
λογίαν, οὐκ Αἰγυπτίους. Βαβυλωνίους γὰρ λέγειν
πρῶτον γενέσθαι Βῆλον, ὃν εἶναι χρόνον· ἐκ τού-
του δὲ γενέσθαι Βῆλον καὶ Χαναὰν, τοῦτον δὲ τὸν
Χαναὰν γεννῆσαι τὸν πατέρα τῶν Φοινίκων. τού-
50 του δὲ Χοὺμ υἱὸν γενέσθαι, ὃν ὑπὸ τῶν Ἑλλήνων
λέγεσθαι Ἄσβολον, πατέρα δὲ Αἰθιόπων, ἀδελφὸν
δὲ τοῦ Μεστραεὶμ, πατέρα Αἰγυπτίων. Ἕλληνας
δὲ λέγειν τὸν ᾿Ατλάντα εὑρηκέναι ἀστρολογίαν·
εἶναι δὲ τὸν ᾿Ατλάντα τὸν αὐτὸν καὶ Ἐνώχ. τοῦ
55 δὲ Ἐνὼχ γενέσθαι υἱὸν Μαθυύυαλαν, ὃν πάντα
δι᾽ ἀγγέλων θεοῦ γνῶναι, καὶ ἡμᾶς οὕτως ἐπιγνῶ-
ναι.   —Eus., ix, 17

1. Εὐπόλεμος: on the error of ascribing this passage to Eupolemus, see Schürer, III, p. 351.

τῆς Ἀσσυρίας: for similar anachronisms see Jonah 3:6; Dan. 1:4; 2:2; 5:2 ff. The lapse of time renders our writer's perspective vague. See the Old Testament account, Gen., chap. 11.

4. γίγαντας: see Fragment 1, l. 2.

5. πεσόντος: but see Gen. 11:7 f. Various stories are told of the disasters attendant upon the erection of this tower. Some of the builders were changed into animals, demons, ghosts, etc. (Gk. *Apoc. of Baruch.*, chap. ii). According to Jos., *Antt.*, I, iv, 3, the gods sent storms of wind and overthrew the tower and gave to everyone his separate language (οἱ δὲ θεοὶ ἀνέμους ἐπιπέμψαντες ἀνέτρεψαν τὸν πύργον); so *Sibylline Oracles.* According to the Talmud (*Sanhedrin*) and other sources one-third of the tower was destroyed by fire, one-third sank into the ground, and one-third remained standing. "To one standing on the ruins, tall palm trees look like grasshoppers." These towers were characteristic of the Babylonian cities, and form a fitting focus for such folklore.

8. Οὐρίην: Ur, Gen. 11:31. On the term Chaldee see Mitchell, *World before Abraham*, p. 278; Gen. 11:31 f. belong in P, Driver, *Introduction*, p. 14. LXX here, ἐκ τῆς χώρας τῶν Χαλδαίων, for Hebrew Ur of the Chaldees. Cf. Acts 7:4, ἐκ γῆς Χαλδαίων. Chaldaea proper lay to the south of Babylonia, adjoining the sea, hence the name in the Assyrian records of "the sea-land." With the rise of the second Babylonian empire under a Chaldaean dynasty the term became more extended, as in the Old Testament, Gen. 11:28, where the phrase is regarded as a later harmonizing; also in Jer. chaps. 24 ff. On the importance of Ur see Rogers, *Hist. Bab. and Assy.*, I, pp. 371 f., 290. The name, Καμαρίνη, may have some vague connection with that of the ancient Cimmerians, or, as Winckler, with Arabic *qamar*, moon.

10. Cf. Gen. 11:10 ff.

12. See Artapanus, Fragment 1. Cf. Artapanus' descriptions of the wisdom and beauty of Joseph and of Moses.

17. Probably a version of Gen., chap. 14. Ἀρμενίους: possibly a reference to the Scythians, who some time between 628 and 610 B. C., swept down from their homes north of the Black Sea and devastated the Mediterranean countries as far as Egypt. Cf. Hdt., i, 103 f.; Jos., *Antt.*, I, x, 1, calls them Assyrians.

18 ff. Cf. Fragment 1.

23. ὅπως . . . . ἀπολυτρώσῃ: BMT., 197; Btnm., *Gr.*, p. 233.

27. Ἀργαριζίν (הַר בְּרִזִים): Gerizim, at the capital of the Northern Kingdom.

28. A historical deduction rather than a philological derivation. A Jewish writer would have reserved this description for Jerusalem.

29. Gen. 14:18.

31. Gen., chap. 20. Gerar is south of Gaza.

40. The journey is extended to permit the weaving in of a legend.

43. Ἐνώχ: Gen. 5:18–24. Enoch, an antecedent of Abraham, is a name on which legends differ. Some ascribe to him inconsistent piety; others exalt and glorify his name. In *Jubilees*, chap. 4, he is the inventor of printing; so also pseudo-Jonathan. He is the author of several apocalyptic books (see Charles). These legends indicate national rivalries over the creation and development of the arts (cf. l. 61), and the Hellenizing tendency in the blending of oriental and Greek ideas. Cf. a similar disposition in the *Commentaries of Julius Caesar*, vi, 17.

48. On the origin of these Palestinian peoples cf. Smith, *Old Testament History*, chap. v; Keane, *Anthropology*, pp. 391 ff.; *Man Past and Present*, pp. 490 ff.

51. Ἀσβολον: cf. Greek, ἄσβολος, ἀσβόλη, i. e., "the dark one."—Χαναάν: Gen. 9:18. Χούμ = Ham; LXX, Χάμ, Gen. 10:6. Μεστραείμ: Mizraim, Gen. 10:6, 13.

55. Μαθούσαλαν: Gen. 5:21 f.; LXX, Μαθουσάλα. There are here three claimants for the honor of establishing the sciences:

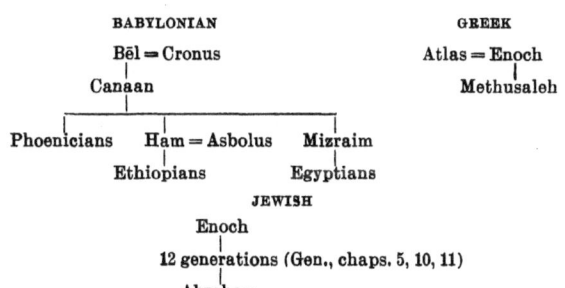

```
        BABYLONIAN                    GREEK

        Bēl ⚌ Cronus            Atlas ⚌ Enoch
            |                          |
        Canaan                   Methusaleh
            |
  ┌─────────┼──────────────────┐
Phoenicians   Ham = Asbolus    Mizraim
            Ethiopians        Egyptians
                   JEWISH
              Enoch
                 |
        12 generations (Gen., chaps. 5, 10, 11)
                 |
            Abraham
```

All of which plans show the touch of the Hellenizing Samaritan.

II. PHILOSOPHY

ARISTOBULUS

Aristobulus was an Alexandrian Jew whose floruit fell in the reign of Ptolemy Philometor, B. C. 170–150 (cf. Clem. Alex., *Str.*, i, 22, 150; Eus., *Praep. Ev.*, ix, 6. Eus., *H. E.*, is in error on this point). He is possibly the Aristobulus mentioned in II Macc. 1:10: καὶ οἱ ἐν τῇ Ἰουδαίᾳ καὶ ἡ γερουσία καὶ Ἰούδας Ἀριστοβούλῳ διδασκάλῳ Πτολεμαίου τοῦ βασιλέως, ὄντι δὲ ἀπὸ τοῦ τῶν χριστῶν ἱερέων γένους, καὶ τοῖς ἐν Αἰγύπτῳ Ἰουδαίοις, χαίρειν καὶ ὑγιαίνειν; cf. Eus., *Praep. Ev.*, viii, 9 end). Clement styles him a peripatetic (*Str.*, i, 15, 72). He was a voluminous writer (v, 14, 97), and in his book(s) shows an acquaintance with the Greek philosophers. But he reveals his Jewish spirit in his jealous claims for the antiquity of Hebrew thought.

Aristobulus has been styled the forerunner of Philo. His purpose seems to have been to show to the Greeks that the Mosaic law rightly understood would be seen to embody the best of what Greek (peripatetic, Clem. Alex., *Str.*, v, 14, 97) philosophy taught.

Sources: Eusebius, viii, 10; xiii, 12; Clem., i, 22, 150; Eus., *H. E.*, vii, 32, 17 f.

References: Schürer, III, pp. 384 ff.; Susemihl, II, pp. 629 ff.; Christ, p. 668.

FRAGMENT 1

Plato evidently studied and made use of our legislation. Before his time our laws had become known, although the translation of the entire code dates from the time of Philadelphus.

Φανερὸν ὅτι κατηκολούθησεν ὁ Πλάτων τῇ καθ᾽ ἡμᾶς νομοθεσίᾳ, καὶ φανερός ἐστι περιειργασμένος ἕκαστα τῶν ἐν αὐτῇ. διηρμήνευται γὰρ πρὸ Δημητρίου τοῦ Φαληρέως δι᾽ ἑτέρων πρὸ τῆς Ἀλεξ-
5 άνδρου καὶ Περσῶν ἐπικρατήσεως, τά τε κατὰ τὴν ἐξαγωγὴν τὴν ἐξ Αἰγύπτου τῶν Ἑβραίων, ἡμε- τέρων δὲ πολιτῶν, καὶ ἡ τῶν γεγονότων ἀπάντων αὐτοῖς ἐπιφάνεια καὶ κράτησις τῆς χώρας καὶ τῆς ὅλης νομοθεσίας ἐπεξήγησις, ὡς εὔδηλον εἶναι τὸν
10 προειρημένον φιλόσοφον εἰληφέναι πολλά. γέγονε γὰρ πολυμαθὴς, καθὼς καὶ Πυθαγόρας πολλὰ τῶν παρ᾽ ἡμῖν μετενέγκας εἰς τὴν ἑαυτοῦ δογματοποιίαν κατεχώρισεν. ἡ δ᾽ ὅλη ἑρμηνεία τῶν διὰ τοῦ νόμου πάντων ἐπὶ τοῦ προσαγορευθέντος Φιλαδέλ-
15 φου βασιλέως, σοῦ δὲ προγόνου, προσενεγκαμένου μείζονα φιλοτιμίαν, Δημητρίου τοῦ Φαληρέως πραγματευσαμένου τὰ περὶ τούτων.

Εἶτα μεταξύ τινα εἰπὼν ἐπιφέρει λέγων

Δεῖ γὰρ λαμβάνειν τὴν θείαν φωνὴν οὐ ῥητὸν
20 λόγον, ἀλλ᾽ ἔργων κατασκευάς, καθὼς καὶ διὰ τῆς νομοθεσίας ἡμῖν ὅλην τὴν γένεσιν τοῦ κόσμου θεοῦ λόγους εἴρηκεν ὁ Μωσῆς. συνεχῶς γάρ φησιν ἐφ᾽ ἑκάστου· ᾽καὶ εἶπεν ὁ θεός, καὶ ἐγένετο.᾽ δοκοῦσι δέ μοι περιειργασμένοι πάντα κατηκολουθηκέναι

25 τούτῳ Πυθαγόρας τε καὶ Σωκράτης καὶ Πλάτων,
λέγοντες ἀκούειν φωνῆς θεοῦ, τὴν κατασκευὴν τῶν
ὅλων συνθεωροῦντες ἀκριβῶς ὑπὸ θεοῦ γεγονυῖαν
καὶ συνεχομένην ἀδιαλείπτως. ἔτι δὲ καὶ Ὀρφεὺς
ἐν ποιήμασι τῶν κατὰ τὸν ἱερὸν λόγον αὐτῷ λεγο-
30 μένων οὕτως ἐκτίθεται περὶ τοῦ διακρατεῖσθαι θείᾳ
δυνάμει τὰ πάντα καὶ γενητὰ ὑπάρχειν, καὶ ἐπὶ
πάντων εἶναι τὸν θεόν. λέγει δ' οὕτως.

. . . .

35 . . . .

. . . .

. . . .

σαφῶς οἶμαι δεδεῖχθαι, ὅτι διὰ πάντων ἐστὶν ἡ
δύναμις τοῦ θεοῦ. καθὼς δὲ δὴ σεσημάγκαμεν
40 περιαιροῦντες τὸν διὰ τῶν ποιημάτων Δία καὶ Ζῆνα·
τὸ γὰρ τῆς διανοίας αὐτὸν ἐπὶ θεὸν ἀναπέμπεται·
διόπερ οὕτως ἡμῖν εἴρηται. οὐκ ἀπεοικότως οὖν
τοῖς ἐπιζητουμένοις προενηνέγμεθα ταῦτα. πᾶσι
γὰρ τοῖς φιλοσόφοις ὁμολογεῖται, ὅτι δεῖ περὶ θεοῦ
45 διαλήψεις ὁσίας ἔχειν, ὃ μάλιστα παρακελεύεται
καλῶς ἡ καθ' ἡμᾶς αἵρεσις, ἡ δὲ τοῦ νόμου κατα-
σκευὴ πᾶσα τοῦ καθ' ἡμᾶς περὶ εὐσεβείας τέτακται
καὶ δικαιοσύνης καὶ ἐγκρατείας καὶ τῶν λοιπῶν
ἀγαθῶν τῶν κατὰ ἀλήθειαν.

—Eus., xiii, 12; Clem., i, 22, 150

3. διηρμήνευται (perfect): "For it had been translated
by others before the time of," etc.

4. Demetrius, a native of Phalerum in Attica, was
born of a family in humble circumstances but by his
talents attained to positions of honor and responsibility.

Appointed governor of Athens by Cassander, B. C. 317,
he for six years enjoyed the confidence and esteem of
the Athenians, who, it is said, raised 360 statues in his
honor.   Driven from Athens, 306, after the successes of
Demetrius Poliorcetes, he went to Alexandria where he
resided for twenty years. The founding of the museum
and library was in accord with his advice to Ptolemy
Soter.

5. The order here is not chronological, the Persian
supremacy beginning with Cyrus, 538, and being com-
plete with the conquest of Egypt, 525, by Cambyses.

9. ὡς . . . . εἶναι: result, GGr., 1449 ff.

11. Pythagoras was a native of Samos, a pupil of the
theologian Pherecydes, possibly of Anaximander. Tra-
dition makes him a traveler in Phoenicia, Egypt, and
Babylon, in which last he was initiated into oriental
theological mysteries and further instructed in geometry.
His teaching career is associated with Crotona in Magna
Graecia where he founded a brotherhood, *ca.* 520 B. C.

13. ἡ δ' ὅλη: GGr., 979.   "But the translation of the
entire legal code (τῶν . . . . πάντων) dates from the time
(ἐπὶ τοῦ), as is attributed (προσαγορευθέντος), of King
Philadelphus, thy (i. e., Philometor: Clem., *Str.*, i, 22,
150—Ἀριστόβουλος δὲ ἐν τῷ πρώτῳ τῷ πρὸς τὸν φιλομήτορα;
cf. Eus., ix, 6) ancestor, who achieved (thereby) greater
distinction. Demetrius Phalereus treats of the facts on
these points."   The word νόμος refers to the Books of
Moses, i. e., the Pentateuch.

18. This introductory sentence is from Eusebius.

21. ὅλην, κτλ.: "throughout the entire (account of the)
creation of the world."

23. "But both Pythagoras and Socrates and Plato
seem to me punctillously to have followed this when
they say they hear the voice of a god."   For a similar
claim to priority, voiced also by Clem. Alex., see Eus.,
Praep. Ev., x, 2.

82. Two extended quotations follow, the first from Orpheus, the other from Aratus.

46. αἵρεσις: see Fragment 2, l. 7, note.

47. πᾶσα: GGr., 979.

In the *Praeparatio* Fragment 2 follows the above passage with only these introductory words between: τούτοις ἑξῆς μεθ' ἕτερα ἐπιλέγει.

FRAGMENT 2

God gave man the Sabbath as a period for rest, and this interval of rest is not a sign that God has ceased to do, but that he has thus established a perpetual order.

Ἐχομένως δ' ἐστὶν ὡς ὁ θεὸς τὸν ὅλον κόσμον κατεσκεύακε, καὶ δέδωκεν ἀνάπαυσιν ἡμῖν, διὰ τὸ κακόπαθον εἶναι πᾶσι τὴν βιοτὴν, τὴν ἑβδόμην ἡμέραν, ἣ δὴ καὶ πρώτη φυσικῶς ἂν λέγοιτο φωτὸς
5 γένεσις, ἐν ᾧ τὰ πάντα συνθεωρεῖται. μεταφέροιτο δ' ἂν τὸ αὐτὸ καὶ ἐπὶ τῆς σοφίας. τὸ γὰρ πᾶν φῶς ἐστιν ἐξ αὐτῆς. καί τινες εἰρήκασι τῶν ἐκ τῆς αἱρέσεως ὄντες τῆς ἐκ τοῦ Περιπάτου, λαμπτῆρος αὐτὴν ἔχειν τάξιν. ἀκολουθοῦντες γὰρ αὐτῇ συνεχῶς
10 ἀτάραχοι καταστήσονται δι' ὅλου τοῦ βίου. σαφέστερον δὲ καὶ κάλλιον τῶν ἡμετέρων προγόνων τις εἶπε Σολομῶν αὐτὴν πρὸ οὐρανοῦ καὶ γῆς ὑπάρχειν. τὸ δὲ σύμφωνόν ἐστι τῷ προειρημένῳ. τὸ δὲ διασαφούμενον διὰ τῆς νομοθεσίας ἀποπεπαυκέναι τὸν
15 θεὸν ἐν αὐτῇ, τοῦτο οὐχ, ὥς τινες ὑπολαμβάνουσι, μηκέτι ποιεῖν τι τὸν θεὸν καθέστηκεν, ἀλλ' ἐπὶ τῷ καταπεπαυκέναι τὴν τάξιν αὐτῶν οὕτως εἰς πάντα τὸν χρόνον τεταχέναι. σημαίνει γὰρ ὡς ἐν ἓξ

ἡμέραις ἐποίησε τόν τε οὐρανὸν καὶ τὴν γῆν καὶ
20 πάντα τὰ ἐν αὐτοῖς, ἵνα τοὺς χρόνους δηλώσῃ καὶ
τὴν τάξιν προείπῃ τί τίνος προτερεῖ. τάξας γὰρ,
οὕτως αὐτὰ συνέχει καὶ οὐ μεταποιεῖ. διασεσάφηκε
δ᾽ ἡμῖν αὐτὴν ἔννομον, ἕνεκεν σημείου τοῦ περὶ
ἡμᾶς ἑβδόμου λόγου καθεστῶτος, ἐν ᾧ γνῶσιν
25 ἔχομεν ἀνθρωπίνων καὶ θείων πραγμάτων. δι᾽
ἑβδομάδων δὲ καὶ πᾶς ὁ κόσμος κυκλεῖται τῶν
ζῳογονουμένων καὶ τῶν φυομένων ἁπάντων. τὸ δὲ
σάββατον αὐτὴν προσαγορεύεσθαι διερμηνεύεται
ἀνάπαυσις οὖσα. διασαφεῖ δὲ καὶ Ὅμηρος καὶ
30 Ἡσίοδος, μετειληφότες ἐκ τῶν ἡμετέρων βιβλίων,
ἱερὰν εἶναι. Ἡσίοδος μὲν οὕτως·

πρῶτον ἔνη τετράς τε καὶ ἑβδόμη ἱερὸν ἦμαρ.

καὶ πάλιν λέγει·

ἑβδομάτη δ᾽ αὖθις λαμπρὸν φάος ἠελίοιο.

35 Ὅμηρος δὲ οὕτως λέγει·

ἑβδομάτη δ᾽ ἤπειτα κατήλυθεν, ἱερὸν ἦμαρ.

καὶ πάλιν·

ἕβδομον ἦμαρ ἔην, καὶ τῷ τετέλεστο ἅπαντα.

καὶ.

40   ἑβδομάτῃ δὴ οἱ λίπομεν ῥόον ἐξ Ἀχέροντος.

τοῦτο δὴ σημαίνων, ὡς ἀπὸ τῆς κατὰ ψυχὴν λήθης
καὶ κακίας ἐν τῷ κατὰ ἀλήθειαν ἑβδόμῳ λόγῳ
κιταλιμπάνεται τὰ προειρημένα, καὶ γνῶσιν ἀλη-
θείας λαμβάνομεν, καθὼς προείρηται. Λίνος δέ
45 φησιν οὕτως

ἑβδομάτῃ δὴ οἱ τετελεσμένα πάντα τέτυκται.

καὶ πάλιν

ἑβδόμη εἶν ἀγαθοῖς καὶ ἑβδόμη ἐστὶ γενέθλη.
ἑβδόμη ἐν πρώτοισι καὶ ἑβδόμη ἐστὶ τελείη.

50 καὶ

ἑπτὰ δὲ πάντα τέτυκται ἐν οὐρανῷ ἀστερόεντι,
ἐν κύκλοισι φανέντ' ἐπιτελλομένοις ἐνιαυτοῖς.

Τὰ μὲν οὖν 'Αριστοβούλου τοιαῦτα. ὁποῖα δὲ
καὶ Κλήμεντι περὶ τῆς αὐτῆς εἴρηται ὑποθέσεως,
55 γνοίης ἂν διὰ τούτων.　　　　　—Eus., xiii, 12

2. "And because life is toilsome for all, he has given us the seventh day as a period of rest, which *first* (Sabbath) would naturally be called the creation of light and in this light (lit. in which [light]) all things are contemplated."

4 f. ἂν λέγοιτο . . . . μεταφέροιτο ἄν: GGr., 1327 f.

8. αἱρέσεως: a party or following, not here a schism. Cf. Josephus in his description of the Jewish religio-political parties, *Antt.*, XIII, v., 9; XX, ix, 1; *Jewish War*, II, viii, 14.

Περιπάτου: Aristotle.

12. Cf. I Kings 4:29; II Chron. 1:7–13; see Prov. 3:19.

15. τοῦτο οὐχ, : so Dindorf and Gaisford. Vigerus, *id non, quomodo a plerisque, accipiendum est.* Heinichen's text is difficult, τοῦτο, οὐχ ὡς, κτλ.

16. "But in ceasing to have established their order thus for all time."

20. ἵνα . . . . δηλώσῃ: GGr., 1365; so (ἵνα) προείπῃ.

21. τί τίνος προτερεῖ: "What precedes what," i. e., cause and effect.

23. ἕνεκεν: generally follows its noun, GGr., 1220, 6.

27. τὸ δὲ σάββατον: so Gaisford and Dindorf. Vigerus: *illum autem sabbatum, hoc est requietem appellamus.* Heinichen reads, τῷ, κτλ. See Gaisford's note: *Scrip-*

seratne fortasse, τῷ δὴ σάββατον αὐτὴν προσαγορεύεσθαι, ὁ διερμηνεύεται ἀνάπαυσις.

40, 46. The text here is Heinichen's, but the readings of Gaisford and Dindorf seem better.

40. ἐβδομάτῃ δ᾽ ἠοῖ λίπομεν ῥόον ἐξ Ἀχέροντος. Vigerus, *septima ubi orta dies, Acherontis liquimus undas.*

46. ἐβδομάτῃ δ᾽ ἠοῖ τετελεσμένα πάντα τέτυκται. Vigerus: *septima jamque dies, qua cuncta exacta, rubebat.* Gaisford and Dindorf read here, ἐβδομάτῃ, but that is hardly possible.

It is here not so much a question of a critical text of Hesiod and the other poets as of the text used by Eusebius, or, if possible, that used by Aristobulus. In the transition to the East scribal errors must have crept in, and quotations doubtless were frequently made from memory.

51–52. Gaisford and Dindorf quote these two lines separately and connect with καὶ·. Vigerus supports Heinichen's text, as do some of the MSS.

FRAGMENT 3

Those who see the letter only perceive nothing of surpassing excellence, but those who have discernment of spiritual things must acknowledge their indebtedness to our lawgiver. The language of our laws when rightly interpreted will be found to embody deep philosophical meanings. These laws are to be regarded in a perfectly natural way, not given a mystical meaning.

Πλὴν ἱκανῶς εἰρημένων πρὸς τὰ προκείμενα ζητήματα, ἐπεφώνησας καὶ σύ, βασιλεῦ, διότι σημαίνεται διὰ τοῦ νόμου τοῦ παρ᾽ ἡμῖν καὶ χεῖρες καὶ βραχίων καὶ πρόσωπον καὶ πόδες καὶ περίπα-

5 τος ἐπὶ τῆς θείας δυνάμεως· ἃ τεύξεται λόγου κα-
θήκοντος καὶ οὐκ ἀντιδοξήσει τοῖς προειρημένοις
ὑφ' ἡμῶν οὐδέν. παρακαλέσαι δέ σε βούλομαι
πρὸς τὸ φυσικῶς λαμβάνειν τὰς ἐκδοχὰς καὶ τὴν
ἁρμόζουσαν ἔννοιαν περὶ θεοῦ κρατεῖν καὶ μὴ ἐκ-
10 πίπτειν εἰς τὸ μυθῶδες καὶ ἀνθρώπινον κατάστημα.
πολλαχῶς γὰρ ὃ βούλεται λέγειν ὁ νομοθέτης
ἡμῶν Μωσῆς, ἐφ' ἑτέρων πραγμάτων λόγους ποιού-
μενος, λέγω δὲ τῶν κατὰ τὴν ἐπιφάνειαν, φυσικὰς
διαθέσεις ἀπαγγέλλει καὶ μεγάλων πραγμάτων
15 κατασκευάς. οἷς μὲν οὖν πάρεστι τὸ καλῶς νοεῖν
θαυμάζουσι τὴν περὶ αὐτὸν σοφίαν καὶ τὸ θεῖον
πνεῦμα, καθ' ὃ καὶ προφήτης ἀνακεκήρυκται. ὧν
εἰσιν οἱ προειρημένοι φιλόσοφοι καὶ πλείονες ἕτεροι
καὶ ποιηταὶ παρ' αὐτοῦ μεγάλας ἀφορμὰς εἰληφότες,
20 καθὸ καὶ θαυμάζονται. τοῖς δὲ μὴ μετέχουσι δυ-
νάμεως καὶ συνέσεως, ἀλλὰ τῷ γραπτῷ μόνον προσ-
κειμένοις, οὐ φαίνεται μεγαλεῖόν τι διασαφῶν.
ἄρξομαι δὲ λαμβάνειν καθ' ἕκαστον σημαινόμενον
καθ' ὅσον ἂν ᾧ δυνατός. εἰ δὲ μὴ τεύξομαι τάλη-
25 θοῦς, μηδὲ πείσω, μὴ τῷ νομοθέτῃ προσάψῃς τὴν
ἀλογίαν, ἀλλ' ἐμοὶ τῷ μὴ δυναμένῳ διαιρεῖσθαι
τὰ ἐκείνῳ νενοημένα. χεῖρες μὲν οὖν νοοῦνται
προδήλως καὶ ἐφ' ἡμῶν κοινότερον. ὅταν γὰρ δυ-
νάμεις ἐξαποστέλλῃς σὺ βασιλεὺς ὢν, βουλόμενός τι
30 κατεργάσασθαι, λέγομεν, μεγάλην χεῖρα ἔχει ὁ
βασιλεύς, φερομένων τῶν ἀκουόντων ἐπὶ τὴν δύνα-
μιν ἣν ἔχεις. ἐπισημαίνεται δὲ τοῦτο καὶ διὰ τῆς
νομοθεσίας ἡμῶν λέγων ὁ Μωσῆς οὕτως "ἐν χειρὶ
κραταιᾷ ἐξήγαγεν ὁ θεός σε ἐξ Αἰγύπτου." καὶ πάλιν·

35 "ἀποστελῶ, φησὶν ὁ θεὸς, τὴν χεῖρά μου, καὶ πατάξω
τοὺς Αἰγυπτίους." καὶ ἐπὶ τοῦ τῶν κτηνῶν θανάτου
φησὶ τῷ Φαραῷ ὁ Μωσῆς· "ἰδοὺ χεὶρ κυρίου ἔσται
ἐν τοῖς κτήνεσί σου καὶ ἐν πᾶσι τοῖς ἐν τοῖς πεδίοις
θάνατος μέγας." ὥστε αἱ χεῖρες ἐπὶ δυνάμεως νο-
40 οῦνται θεοῦ. καὶ γὰρ ἔστι νοῆσαι τὴν πᾶσαν ἰσχὺν
τῶν ἀνθρώπων καὶ τὰς ἐνεργείας ἐν ταῖς χερσὶν
εἶναι. διόπερ καλῶς ὁ νομοθέτης ἐπὶ τὸ μεγαλεῖον
μετενήνοχε, λέγων τὰς συντελείας χεῖρας εἶναι
θεοῦ. στάσις δὲ θεία καλῶς ἂν λέγοιτο κατὰ τὸ
45 μεγαλεῖον ἡ τοῦ κόσμου κατασκευή. καὶ γὰρ ἐπὶ
πάντων ὁ θεὸς, καί πάνθ' ὑποτέτακται, καὶ στάσιν
εἴληφεν· ὥστε τοὺς ἀνθρώπους καταλαμβάνειν ἀκί-
νητα εἶναι ταῦτα. λέγω δὲ τὸ τοιοῦτον, ὡς οὐδέποτε
γέγονεν οὐρανὸς γῆ, γῆ δ' οὐρανὸς, οὐδ' ἥλιος σε-
50 λήνη λάμπουσα οὐδὲ σελήνη πάλιν ἥλιος, οὐδὲ
ποταμοὶ θάλασσα, οὐδὲ θάλασσα ποταμοί. καὶ
πάλιν ἐπὶ τῶν ζῴων ὁ αὐτός ἐστι λόγος. οὐ γὰρ
ἄνθρωπος ἔσται θηρίον οὐδὲ θηρίον ἄνθρωπος. καὶ
ἐπὶ τῶν λοιπῶν δὲ ταὐτὸν ὑπάρχει φυτῶν τε καὶ
55 ἐπὶ τῶν ἄλλων· ἀμετάβλητα μέν ἐστι, τὰς αὐτάς δ'
ἐν αὐτοῖς τροπὰς λαμβάνει καὶ φθοράς. ἡ στάσις
οὖν ἡ θεία κατὰ ταῦτα ἂν λέγοιτο, πάντων ὑποκει-
μένων τῷ θεῷ. λέγεται δὲ κατάβασις ἐπὶ τὸ ὄρος
θεία γεγονέναι διὰ τῆς γραφῆς τοῦ νόμου, καθ' ὃν
60 ἐνομοθέτει καιρὸν, ἵνα πάντες θεωρήσωσι τὴν ἐνέρ-
γειαν τοῦ θεοῦ. κατάβασις γὰρ αὕτη σαφής ἐστι·
καὶ περὶ τούτων οὖν οὕτως ἄν τις ἐξηγήσαιτο, βου-
λόμενος συντηρεῖν τὸν περὶ θεοῦ λόγον. δηλοῦται
γὰρ ὡς τὸ ὄρος ἐκαίετο πυρὶ, καθώς φησιν ἡ νομο-

65 θεσία, διὰ τὸ τὸν θεὸν καταβεβηκέναι σαλπίγγων
τε φωνὰς καὶ τὸ πῦρ φλεγόμενον ἀνυποστάτως εἶναι.
τοῦ γὰρ παντὸς πλήθους μυριάδων οὐκ ἔλαττον
ἑκατὸν χωρὶς τῶν ἀφηλίκων ἐκκλησιαζομένων
κυκλόθεν τοῦ ὄρους, οὐκ ἔλασσον ἡμερῶν πέντε
70 οὔσης τῆς περιόδου περὶ αὐτό, κατὰ πάντα τόπον
τῆς ὁράσεως πᾶσιν αὐτοῖς κυκλόθεν, ὡς ἦσαν
παρεμβεβληκότες, τὸ πῦρ φλεγόμενον ἐθεωρεῖτο·
ὥστε τὴν κατάβασιν μὴ τοπικὴν εἶναι· πανταχοῦ
γὰρ ὁ θεός ἐστιν. ἀλλὰ τὴν τοῦ πυρὸς δύναμιν
75 παρὰ πάντα θαυμάσιον ὑπάρχουσαν διὰ τὸ πάντα
ἀναλίσκειν, οὐκ ἂν ἔδειξε φλεγομένην ἀνυποστάτως,
μηδὲν ἐξαναλίσκουσαν, εἰ μὴ τὸ παρὰ τοῦ θεοῦ
δυναμικὸν αὐτῇ προσείη. τῶν γὰρ φυομένων ἐν τῷ
ὄρει ἐκείνῳ ἐξαναλισκομένων σφοδρῶς οὐδὲν ἐξα-
80 νάλωσεν, ἀλλ' ἔμεινε τῶν ἁπάντων ἡ χλόη πυρὸς
ἄθικτος, σαλπίγγων τε φωναὶ σφοδρότερον συνη-
κούοντο σὺν τῇ τοῦ πυρὸς ἀστραπηδὸν ἐκφάνσει, μὴ
προκειμένων ὀργάνων τοιούτων μηδὲ τοῦ φωνή-
σαντος, ἀλλὰ θείᾳ κατασκευῇ γινομένων πάντων.
85 ὥστε σαφὲς εἶναι διὰ ταῦτα τὴν κατάβασιν τὴν
θείαν γεγονέναι, διὰ τὸ τοὺς συνορῶντας ἐκφαντικῶς
ἕκαστα καταλαμβάνειν, μήτε τὸ πῦρ κεκαυκὸς, ὡς
προείρηται, μηδὲν μήτε τὰς τῶν σαλπίγγων φωνὰς
δι' ἀνθρωπίνης ἐνεργείας ἢ κατασκευῆς ὀργάνων
90 γίνεσθαι, τὸν δὲ θεὸν ἄνευ τινὸς δεικνύναι τὴν ἑαυ-
τοῦ διὰ πάντων μεγαλειότητα. —Eus., viii, 10

In the chapter immediately preceding (*Praep. Ev.*,
viii, 9) we find an introduction to this excerpt: οὗ καὶ ἡ
δευτέρα τῶν Μακκαβαίων ἐν ἀρχῇ τῆς βίβλου μνημονεύει, ἐν

τῷ πρὸς Πτολεμαῖον τὸν βασιλέα συγγράμματι τοῦτον καὶ
αὐτὸς διασαφεῖ τὸν τρόπον. The book of II Macc. here
mentioned—a letter from Jews in Palestine to their
countrymen in Egypt—is a summary of the persecu-
tions and events in the time and following the reign of
Antiochus Epiphanes.

1. "Despite (the fact that) there has been sufficient
discussion with reference to the questions before us,
you also, O King, have mentioned that (διότι = ὅτι, LS.,
s. v., II) it is shown through our law."

2. σημαίνεται: better, -ονται.

4. περίπατος: "walking about," cf. Gen. 3:8; LXX:
καὶ ἤκουσαν τὴν φωνὴν Κυρίου τοῦ θεοῦ περιπατοῦντος ἐν τῷ
παραδείσῳ τὸ δειλινόν.

5. δυνάμεως: *operation.*

7. "I wish to urge you to understand these interpre-
tations in a natural way, and the mind by reasoning
(lit., arranging harmoniously) to lay hold of God, and
not to fall into the fabulous and the anthropomorphic
(LS., ἀνθρώπινος, end) style."

15. "It is possible for those who observe to perceive
clearly the wisdom that marks him and the divine spirit
whereby he has been declared a prophet."

20. "But to those who do not share the power and
comprehension but cling to the letter only, he (Moses)
does not seem to be giving information on anything
great."

24. ἂν ὦ: GGr., 1434, MT., 529.

εἰ . . . . τεύξομαι . . . . πείσω: GMT., 445.

26. "Nay, but on me who am unable to determine
(i. e., aright) the thoughts of that man."

28. δυνάμεις: "forces," or messengers to carry out
orders. ἐξαποστέλλῃς: GGr., 1434.

30. χεῖρα: cf. Ecclus. (LXX) 25:26: εἰ μὴ πορεύεται
κατὰ χεῖρά σου ἀπὸ τῶν σαρκῶν σου ἀπότεμε αὐτήν, where the
word occurs in a figurative though different sense.

33. Exod. 3:19 f. (LXX): ἐγὼ δὲ οἶδα ὅτι οὐ προήσεται ὑμᾶς Φαραὼ βασιλεὺς Αἰγύπτου πορευθῆναι, ἐὰν μὴ μετὰ χειρὸς κραταιᾶς· καὶ ἐκτείνας τὴν χεῖρα πατάξω τοὺς Αἰγυπτίους, κτλ.

37. Cf. Exod. 9:3: ἰδοὺ χεὶρ Κυρίου ἐπέσται ἐν τοῖς κτήνεσίν σου τοῖς ἐν τοῖς πεδίοις, ἔν τε τοῖς ἵπποις καὶ ἐν τοῖς ὑποζυγίοις καὶ ταῖς καμήλοις καὶ βουσὶν καὶ προβάτοις θάνατος μέγας σφόδρα.

39. ἐπὶ δυνάμεως: "in the sense of the power of God."

40. ἔστι, not ἐστί, "it is possible to perceive," Heinichen, γάρ ἐστι.

44. ἂν λέγοιτο: GGr., 1328, MT., 239.

47. GGr., 1449 ff.

51. θάλασσα: so many MSS; Heinichen, θάλασσαι.

59. θεία: GGr., 927.

60. ἵνα θεωρήσωσι: dependent on λέγεται, GGr., 1365.

64. πυρί: Heinichen's πολύ lacks authority.

νομοθεσία: so the MSS. Heinichen and Gaisford read νομοθέτης.

66. εἶναι, i. e., διὰ τὸ εἶναι, correlated by τε with τὸ καταβεβηκέναι.

67 f. Exod. 19:16–25; Jos., Antt., III, v. On the number cf. Exod. 12:37; Jos., Antt., II, xv, 1.

73. τοπικήν: local.

76. GMT., 462. Dindorf reads: ἂν ἔδειξε, GMT., 508. "But he could not have shown the power of the fire, surpassing every wonder, burning with irresistible fierceness, without utterly destroying everyone (present), had not the power of God been present in it."

80. πυρός: limit of ἄθικτος.

91. παντῶν: so the MSS despite Heinichen's παντός.

FRAGMENT 4

The proper date for the Passover is when the sun is at the spring equinox, the moon at the autumnal.

οὗτοι τὰ ζητούμενα κατὰ τὴν Ἔξοδον ἐπιλύοντές
φασι δεῖν τὰ διαβατήρια θύειν ἐπίσης ἅπαντας
μετὰ ἰσημερίαν ἐαρινὴν, μεσοῦντος τοῦ πρώτου
μηνός· τοῦτο δὲ εὑρίσκεσθαι, τὸ πρῶτον τμῆμα
5 τοῦ ἡλιακοῦ, ἢ ὥς τινες αὐτῶν ὠνόμασαν, ζωοφόρον
κύκλου διεξιόντος ἡλίου, ὁ δὲ Ἀριστόβουλος προσ-
τίθησιν, ὡς εἴη ἐξ ἀνάγκης, τῇ τῶν διαβατηρίων
ἑορτῇ μὴ μόνον τὸν ἥλιον τὸ ἰσημερινὸν διαπορεύε-
σθαι τμῆμα, καὶ σελήνην δέ. τῶν γὰρ ἰσημερινῶν
10 τμημάτων ὄντων δύο, τοῦ μὲν ἐαρίνου, τοῦ δὲ μετο-
πωρινοῦ, καὶ διαμετρούντων ἄλληλα, δοθείσης τε
τῆς τῶν διαβατηρίων ἡμέρας τῇ τεσσαρεσκαι-
δεκάτῃ τοῦ μηνὸς μεθ᾽ ἐσπέραν, ἐστήξεται μὲν ἡ
σελήνη τὴν ἐναντίαν καὶ διάμετρον τῷ ἡλίῳ στάσιν.
15 ὥσπερ οὖν ἔξεστιν ἐν ταῖς πανσελήνοις ὁρᾷν, ἔσον-
ται δὲ ὁ μὲν κατὰ τὸ ἐαρινὸν ἰσημερινὸν, ὁ ἥλιος,
τμῆμα, ἡ δὲ ἐξ ἀνάγκης κατὰ τὸ φθινοπωρινὸν
ἰσημερινὸν, ἡ σελήνη.

—Eus., *H. E.*, vii, 32, 17 f.

1. οὗτοι: writers mentioned by Eusebius in the pre-
ceding paragraph, of whom Aristobulus was one.

2. τὰ διαβατήρια = πάσχα. The historical basis of
Easter is found in the old Jewish Passover festival, in
its origin either a harvest festival (Exod. 23:14–16 E) or
a memorial occasion (Exod. 34:18 J), Driver, *Introd.*,
pp. 31 f. The two features were merged (Deut. 16:1 ff.),
though they appear to have been successive events of
the festival season (Lev. 23:5). The date was the
evening of the fourteenth and the morning of the fif-
teenth of the first month (Hebrew Abib; later Nisan,
Neh. 2:1; Esth. 3:7), though the Passover season lasted
seven days—the fourteenth to the twenty-first (Lev.

23:5; Ezek. 45:21 ff.). For the first observance in Palestine see Josh. 5:10.

In accord with Jewish chronology the church in Asia Minor observed the fourteenth day of Nisan, no matter on what day of the week it fell. The Roman church observed a Friday, the day of the week on which Jesus died, after the March full moon.

In the Nicene Council, A. D. 325, the western custom was made the law of the church. Hirsch in *Jewish Encyclopedia*, IX, 548 ff.; Benzinger in *Encyclopedia Biblica*, III, coll. 3589 ff.; Moulton in Hastings' *Bible Dictionary*, III, 684 ff.; Smith, *Religion of the Semites*, p. 406; Hensley in *Smith's Dictionary of Christian Antiquities*, I, 586 ff.; Moeller, *History of the Christian Church*, I, 277 f., 514.

7. According to Aristobulus here two points are essential, the spring equinox and a full moon, to produce which both sun and moon must "cross the line," being exactly opposite each other, at the spring and fall equinoxes respectively, i. e., six months and one-half of the zodiacal circle apart.

Equinoctial precession, observed by Hipparchus, B. C. 160–120, renders the vernal equinox a variable datum. But until the fall of Jerusalem the Jews reckoned the fourteenth day of Nisan on the first full moon after the spring equinox but failed to observe it in their reckoning of the months. The Protopaschites of the early church, who followed the Jewish system, consequently varied from the rest of the church often by an interval of a month.

Aristobulus proposes to relieve the difficulty by employing two diametrically opposite points instead of one.

III. POETRY

PHILO

A writer of Epic poetry, Philo (B. C. 2d cent.) is mentioned by Josephus (*Ag. Apion*, i, 23), and by Eusebius (*Praep. Ev.*, ix, 42): ὁ μέντοι Φαληρεὺς Δημήτριος καὶ Φίλων ὁ πρεσβύτερος καὶ Εὐπόλεμος. According to Clement of Alexandria (i, 21, 141) his work (Περὶ τὰ Ἱερουσόλυμα) included some account of the kingdom and its rulers. He was doubtless a Jew, being included along with Democritus and Eupolemus.

Of his book three brief fragments remain. Judging from these Philo's style was difficult and obscure, and though poetic in form did not conform to metrical rules ("Kläglich gebaute Hexameter."—Susemihl).

SOURCES: Eusebius, ix, 20, 24, 27; Clement, i, 21, 141; Josephus, *Ag. Apion*, i, 23.

REFERENCES: Schürer, III, pp. 371 f.; Susemihl, II, pp. 654 f.; Christ, pp. 699 ff.

FRAGMENT 1

Abraham, about to offer up Isaac, is prevented by the wonderful appearance of a ram.

Φησὶ δὲ περὶ τούτου καὶ Φίλων ἐν τῷ πρώτῳ τῶν περὶ τὰ Ἱεροσόλυμα,

ἔκλυον ἀρχεγόνοισι τὸ μυρίον ὥς ποτε θεσμοῖς
Ἀβραὰμ κλυτοηχὲς ὑπέρτερον ἄμματι δεσμῶν
5   παμφαὲς, πλήμμυρε, μεγαυχητοῖσι λογισμοῖς,

θειοφιλῆ θέλγητρα. λιπόντι γὰρ ἀγλαὸν ἕρκος
αἰνοφύτων. ἔκκαυμα βριήπυος αἰνετὸς ἴσχων.
ἀθάνατον ποίησεν ἐὴν φάτιν, ἐξ ὅτ' ἐκείνου
ἔκγονος, αἰνογόνοιο πολύμνιον ἔλλαχε κῦδος.

10 καὶ τὰ ἑξῆς · οἷς μετ' ὀλίγα ἐπιφέρει

ἄρτι χερὸς θηκτοῖο ξιφηφόρον ἐντύνοντος
λήμματι, καὶ σφαράγοιο παρακλιδὸν ἀθροισθέντος,
ἀλλ' ὁ μὲν ἐν χείρεσσι κερασφόρον ὦπασε κριόν,

καὶ τὰ τούτοις ἑπόμενα.   —Eus., ix, 20

This passage deals with the offering of Isaac (Gen.
22:9 ff.).   The language is obscure, the meaning vague,
the style bombastic.   Heinichen: *At sequentes* . . . .
versus mihi quidem tenebrae, καὶ μηδὲν ὑγιές (Vigerus).
Nec manuscripti codices hilum juvant.   The text is
doubtless corrupt.

8. θεσμοῖς : Hesychius : θεσμοί· αἱ συνθέσεις τῶν
ζύλων.

5. πλήμμυρε : possibly some such form as ἐνεπίμπρη,
"set fire to."

7. αἰνοφύτων, "direful," read ἕρκος, αἰνοφύτων, ἔκκαυμα
βριήπυος "a clear-voiced messenger," so used of Ares in
Iliad, xiii, 521. LXX, ἄγγελος κυρίου ἐκ τοῦ οὐρανοῦ. "I have
listened to the Elders many a time (relating) how once
Abraham with girdle of thongs bound to a pyre of wood,
a glorious deed, his illustrious (child).   With loud laments
he set fire to an offering pleasing to God.   As he was
turning away from the famous spot (lit. inclosure),
direful sight, a clear-voiced (messenger) commanding
him, stopped the flame.   Immortal hath God made his
oracle from the time when the child of Abraham (for
ἐκείνου) received the praiseworthy name of blessed."

11. ἄρτι χερός : Heinichen here reads ἀρτίχερος, but it
is difficult to make this form fit in.

12. λήμματι: read λήματι σφαράγοιο: read ἀσφαράγοιο or φαρύγοιο. "Now, the hand prepared made ready the knife to its purpose, the neck (of the victim) turned back—but God (for ὁ μέν) placed a horn-bearing ram in the father's hands."

FRAGMENT 2

More happy homes than those provided by Abraham and Isaac, the Hebrews found through Joseph who became an interpreter of dreams and a leader in Egypt.

Μαρτυρεῖ δὲ ταῖς ἱεραῖς βίβλοις καὶ Φίλων ἐν τῇ ιδ´ τῶν περὶ Ἱεροσόλυμα, λέγων οὕτως

τοῖσιν ἔδος μακαριστὸν ὅλως μέγας ἔκτισεν ἄκτωρ
ὕψιστος καὶ πρόσθεν ἀφ' Ἀβραάμοιο καὶ Ἰσὰκ,
5 Ἰακὼβ εὐτέκνοιο τόκος Ἰωσὴφ, ὃς ὀνείρων
θεσπίστης, σκηπτοῦχος ἐν Αἰγύπτοιο θρόνοισι,
Δινεύσας λαθραῖα χρόνον πλημμύριδι μοίρης,

καὶ τὰ ἑξῆς.   ταῦτα καὶ περὶ τοῦ Ἰωσήφ.
—Eus., ix, 24

2. ιδ´: It is improbable that Philo treated his subject so exhaustively as to treat of the story of Joseph in the fourteenth book.   Better here as conjectured, δ´.

3. ὅλως: texts here read ὅλης: Heinichen: *ita omnes nullo tamen sensu.*

4. πρόσθεν ἀφ': "more than."

6. σκηπτοῦχος: this is an expression as old as the *Iliad*, but its use here is probably due to Persian influence directly.   Persian government was gone, but its forms lived on.

7. I. e., more powerful than fate.

FRAGMENT 3

The overflowing spring within the walls of Jerusalem is described.

Φησὶ δὲ ὁ Φίλων ἐν τοῖς περὶ Ἱεροσολύμων κρήνην εἶναι, ταύτην δὲ ἐν μὲν τῷ χειμῶνι ξηραίνε- σθαι, ἐν δὲ τῷ θέρει πληροῦσθαι. λέγει δὲ ἐν τῇ πρώτῃ οὕτως

5   νηχόμενος δ' ἐφύπερθε τὸ θαμβηέστατον ἄλλο
δέρκηθρον σὺν ἀοιδᾷ, μεγιστούχοιο λοετροῖς
ῥεύματος ἐμπίπλησι βαθὺν ῥόον ἐξανιείσης,

καὶ τὰ ἑξῆς. οἷς πάλιν ὑποβὰς περὶ τῆς πληρώ- σεως ἐπιλέγει

10   ῥεῦμα γὰρ ὑψιφάεννον, ἐν ὑετίοις νιφετοῖσιν
ἱέμενον, πολυγηθὲς, ὀρείνοις ὑπὲρ πύργοισιν
στρωφᾶται, καὶ ξηρὰ πέδῳ κεκονιμένα, κρήνης
τηλεφαῆ δείκνυσιν ὑπέρτατα θάμβεα λαῶν.

καὶ τὰ τούτοις ἀκόλουθα. εἶτα πάλιν περὶ τῆς
15 τοῦ ἀρχιερέως κρήνης καὶ τῆς ἀποχετεύσεως διέξει- σιν οὕτως

αἰπὺ δ' ἄρ' ἐκπτύουσι διὰ χθονὸς ὑδροχόοισι
σωλῆνες,

καὶ ὅσα ἄλλα τούτοις ἔπεται. Τοσαῦτα μὲν δὴ τὰ
20 ἀπὸ τῶν Ἀλεξάνδρου τοῦ Πολυίστορος.

—Eus., ix, 37

In the preceding chapter (36) Eusebius has quoted from a Syrian authority a description of Jerusalem, closing: ὑπάρχειν δὲ καὶ πηγὴν ἐν τῷ χωρίῳ, ὕδωρ δαψιλὲς ἀναβλύζουσαν. The quotation is too brief to form a basis on which to reach conclusions, but the text is corrupt, perhaps hopelessly so. Vigerus, followed by Müller and quoted by Heinichen, emends l. 6 to read: δέρκη θροῦν σὺν ἀοιδᾷ μεγίστου χοιολοετροῖς, translating: *Desuper allabens nova tum miracula vidi . . . . qui fons* (Heinichen, *qua fons*) *uberrimus undas egerit, atque sinus implet ductusque profundos.*

The measure is dactyllic hexameter, l. 6 being the only defective verse.

10. ὑετίοις: an adjective used substantively, "with wintry rains."

ἐν = "with," as Heb. בְּ.

11. Müller and Dindorf read here, ὑπὲρ πύργοισιν ὅροισι. Vigerus suggests here, ὑπαί = "from mountain heights."

THEODOTUS

Living in the same period, probably a contemporary of Philo, Theodotus wrote a poem on Sichem, the chief city of Samaria, the country where once stood the Northern Kingdom, Israel. As he calls Sichem a sacred city ($i\epsilon\rho\grave{o}\nu$ $\check{a}\sigma\tau\nu$), Theodotus was probably a Samaritan. Indeed his poem may have been a reply to Philo's eulogy on the southern capital. His subject could not have been Περὶ Ἰουδαίων as Eusebius (iv, 22 init.) and Christ, p. 529. The basis of the work is to be found in Gen., chap. 24. The style, metric and all, is better than that of Philo. The writer shows the tendency of the time to embellish the narrative, adding touches here and there. Frequent traces may be seen of the influence of Greek life and culture, history and mythology.

SOURCES: Eusebius ix, 22.

REFERENCES: Schürer, III, pp. 372 f.; Müller, III, pp. 207 ff.; Susemihl, II, pp. 655 f.

FRAGMENT 1

Shechem is a fortified city in a beautiful location between two mountains. Here ruled Emor and his son Souchem; hither came Jacob.

Τὰ δὲ Σίκιμά φησι Θεόδοτος ἐν τῷ περὶ Ἰουδαίων ἀπὸ Σικιμίου τοῦ Ἑρμοῦ λαβεῖν τὴν ὀνομασίαν·

τοῦτον γὰρ καὶ κτίσαι τὴν πόλιν, κεῖσθαι δ' αὐτήν
φησιν ἐν τῇ περὶ Ἰουδαίων οὕτως·

ἡ δ' ἄρ' ἔην ἀγαθή τε καὶ αἰγινόμος καὶ ὑδρηλή,
οὐδὲ μὲν ἔσκεν ὁδὸς δολιχὴ πόλιν εἰσαφικέσθαι
ἀγρόθεν, οὐδέ ποτε δρία λαχνήεντα πονοῦσιν
ἐξ αὐτῆς δὲ μάλ' ἄγχι δύ' οὔρεα φαίνετ' ἐρυμνά,
5 ποίης τε πλήθοντα καὶ ὕλης. τῶν δὲ μεσηγὺ
ἀτραπιτὸς τέτμητ', ἀραὴ, αὐλῶπις, ἐν δ' ἑτέρωθι
ἡ δ' ἱερὴ Σικίμων καταφαίνεται, ἱερὸν ἄστυ,
νέρθεν ὑπὸ ῥίζῃ δεδμημένον. ἀμφὶ δὲ τεῖχος
λισσὸν ὑπώρειαν, ὑπὸ δ' ἔδραμεν αἰπύθεν ἕρκος.

ὕστερον δέ φησιν αὐτὴν ὑπὸ Ἑβραίων κατασχε-
θῆναι, δυναστεύοντος Ἐμμώρ· τὸν γὰρ Ἐμμὼρ υἱὸν
γεννῆσαι Συχέμ. φησὶ δὲ

10 ἐνθένδε, ξένε, ποιμενόθεν πόλιν ἤλυθ' Ἰακὼβ
εὑρεῖαν Σικίμων· ἐπὶ δ' ἀνδράσι τοῖσιν ἔτῃσιν
ἀρχὸς Ἐμὼρ σὺν παιδὶ Συχὲμ, μάλ' ἀτηρέε φῶτε.
—Eus., ix, 22

2. δολιχή: "nor was it a long journey to get into the
city from the country," i. e., either in point of distance
or of time.

ἔσκεν: fr. εἰμί.

5. τῶν: "but between the" two mountains.

10. ποιμενόθεν = ποίμνηθεν: "Thence, O stranger, came
Jacob from the flock to the city, broad Shechem; but
over these townspeople Emor was ruler with his son
Souchem, men full of mischief."

12. φῶτε: fr. φώς: cf. App. Rhod., Arg. i, 1:

Ἀρχόμενος σέο, Φοῖβε, παλαιγενέων κλεὰ φωτῶν
Μνήσομαι, κτλ.

Dionys. Areop., ix.: πατέρα τῶν φωτῶν, λέγει, τὸν αὐτοφῶς
ὄντα, καὶ δημιουργὸν, καὶ συντηρητικοῦ τῶν φωτῶν, πατὴρ γάρ

ἐστιν, ὁ παράγων καὶ τηρῶν τὰ ἐξ αὐτοῦ οὕτω καὶ ὁ θεὸς, πατὴρ
τῶν φωτῶν, ὃς καὶ πάσης κτίσεώς ἐστι δημιουργός. So the
poet Ezekiel; Eus., *Praep. Ev.*, ix, 29, makes a similar
use of the word: φῶτα γενναῖόν τινα.

FRAGMENT 2

Jacob goes to Syria where he marries the
daughter of his cousin Laban. Eleven famous
sons and one beautiful daughter are born.

> εἰς δ' Ἰακὼβ Συρίην κτηνοτρόφον ἷκτο, καὶ εὐρὺ
> ῥεῖθρον Εὐφρήταο λίπεν ποταμοῦ κελάδοντος
> ἤλυθε γὰρ, κἀκεῖθι λιπὼν δριμεῖαν ἐνιπὴν
> αὐτοκασιγνήτοιο. πρόφρων ὑπέδεκτο δόμονδε
> 5 Λάβαν, ὅς γ' οἱ ἔην μὲν ἀνεψιὸς, ἀλλὰ τότ' οἶος
> ἤνασσεν Συρίης, νειηγενὲς αἷμα λελογχώς.
> τῷ δὲ γάμον κούρης μὲν ὑπέσχετο καὶ κατένευσεν
> ὁπλοτάτης, οὐ μὴν τελέθειν ἐπεμαίετο πάμπαν,
> ἀλλὰ δόλον τολύπευσε καὶ εἰς λέχος ἀνέρι πέμπε
> 10 Λείαν, ἥ οἱ ἔην προγενεστέρη. οὐδέ μιν ἔμπης
> ἔλαθεν, ἀλλ' ἐνόησε κακορραφίην, καὶ ἔδεκτο
> παῖδ' ἑτέρην, ἀμφοῖν δ' ἐμίγη σὺν ὁμαίμοσιν ᾖσι.
> τῷ δ' υἱεῖς ἐγένοντο νόῳ πεπνυμένοι αἰνῶς
> ἔνδεκα, καὶ κούρη Δεῖνα περικαλλὲς ἔχουσα
> 15 εἶδος, ἐπίτρεπτον δὲ δέμας καὶ ἀμύμονα θυμόν.

—Eus., ix, 22

1. ἷκτο: plup. fr. ἱκνέομαι.

5. οἱ: GGr., 1173; cf. l. 10. οἶος: = μόνος.

6. νειηγενὲς αἷμα λελογχώς: "having come by divine
will upon a newly found (lit. born) blood relationship."
Συρίης GGr., 1104.

7. κατένευσε ὁπλοτάτης: "and promised him equip-
ment. Truly he did not plan to fulfil at all, but, rather,
plotted treachery."

10. "Nevertheless it did not escape him; nay, he saw through the deceit, and took another daughter — married them both, sisters."

15. ἐπίτρεπτον: fr. ἐπιτρέφω, "comely."

FRAGMENT 3

Gentile marriages are forbidden; the rite of circumcision; Shechem's treachery.

φησὶ δὲ περὶ τοῦ δεῖν περιτέμνεσθαι αὐτοὺς ὁ
Ἰακὼβ

> οὐ γὰρ δὴ θεμιτόν γε τόδ' Ἑβραίοισι τέτυκται,
> γαμβροὺς ἄλλοθεν εἴς γε νυοὺς ἀγέμεν ποτὶ δῶμα·
> ἀλλ' ὅστις γενεᾶς ἐξεύχεται εἶναι ὁμοίης.

εἶτα ὑποβὰς περὶ τῆς περιτομῆς,

> ὅς ποθ' ἑῆς πάτρης ἐξήγαγε δῖον Ἀβραάμ,
> 5 αὐτὸς ἀπ' οὐρανόθεν κέλετ' ἀνέρα παντὶ σὺν οἴκῳ
> σάρκ' ἀποσυλῆσαι πόσθης ἄπο καί ῥ' ἐτέλεσσεν·
> ἀστεμφὲς δὲ τέτυκται, ἐπεὶ θεὸς αὐτὸς ἔειπε.

πορευθέντος οὖν εἰς τὴν πόλιν τοῦ Ἐμμὼρ καὶ τοὺς
ὑποτασσομένους παρακαλοῦντος περιτέμνεσθαι, ἕνα
τῶν Ἰακὼβ υἱῶν τὸ ὄνομα Συμεῶνα διαγνῶναι τόν τε
Ἐμμὼρ καὶ τὸν Συχὲμ ἀνελεῖν, τὴν ὕβριν τῆς ἀδελ-
φῆς μὴ βουληθέντα πολιτικῶς ἐνεγκεῖν· ταῦτα δὲ
διαγνόντα Λευὶν τῷ ἀδελφῷ κοινώσασθαι· λαβόντα
δ' αὐτὸν συγκάταινον ἐπὶ τὴν πρᾶξιν παρορμῆσαι,
λόγιον προφερόμενον τὸν θεὸν ἀνελεῖν φάμενον τοῖς
Ἀβραὰμ ἀπογόνοις δέκα ἔθνη δώσειν. φησὶ δὲ οὕτως
ὁ Συμεὼν πρὸς τὸν Λευίν

> εὖ γὰρ ἐγὼ μῦθόν γε πεπυσμένος εἰμὶ θεοῖο·
> δώσειν γάρ ποτ' ἔφησε δέκ' ἔθνεα παισὶν Ἀβραάμ.

τὸν δὲ θεὸν αὐτοῖς τοῦτον τὸν νοῦν ἐμβαλεῖν, διὰ τὸ
τοὺς ἐν Σικίμοις ἀσεβεῖς εἶναι.   φησὶ δέ

> 10 βλάπτε θεὸς Σικίμων οἰκήτορας, οὐ γὰρ ἄατος
> εἰς αὐτοὺς ὅστις κε μόλῃ καλός, οὐδὲ μὲν ἐσθλός·
> οὐδὲ δίκας ἐδίκαζον ἀνὰ πόλιν οὐδὲ θέμιστας,
> λοίγια δ' ὠρώρει τοῖσιν μεμελημένα ἔργα.

—Eus., ix, 22

7 f. "It is not in keeping with the will of God that
this has become the lot of the Hebrews, to take into the
homes sons-in-law and daughters-in-law from a strange
people." Note repetition of relation expressed by dif-
ferent prepositions of similar meaning—εἰς . . . . ποτί
= πρός).

FRAGMENT 4

Emor and Shechem both die by the hand of
Simeon and Levi.

τὸν οὖν Λευὶν καὶ τὸν Συμεῶνα εἰς τὴν πόλιν
καθωπλισμένους ἐλθεῖν, καὶ πρῶτα μὲν τοῦς ἐντυγ-
χάνοντας ἀναιρεῖν, ἔπειτα δὲ καὶ τὸν Ἐμμὼρ καὶ τὸν
Συχὲμ φονεῦσαι. λέγει δὲ περὶ τῆς ἀναιρέσεως
αὐτῶν οὕτως

> ὡς τότε δὴ Συμεὼν μὲν Ἐμὼρ ὥρουσεν ἐπ' αὐτὸν,
> πλῆξέ τέ οἱ κεφαλήν, δειρὴν δ' ἕλεν ἐν χερὶ λαιῇ.
> λεῦψε δ' ἔτι σπαίρουσαν, ἐπεὶ πόνος ἄλλος ὀρώρει.
> τόφρα δὲ καὶ Λευὶν μένος ἄσχετος, ἔλλαβε χαίτης
> 5 ἀπτόμενον γούνων Συχὲμ, ἄσπετα μαργήναντα.
> ἤλασε δὲ κληῗδα μέσην· δῦ δὲ ξίφος ὀξὺ
> σπλάγχνα διὰ στέρνων, λίπε δὲ ψυχὴ δέμας εὐθύς.

πυθομένους δὲ καὶ τοὺς ἑτέρους ἀδελφοὺς τὴν πρᾶξιν
αὐτῶν ἐπιβοηθῆσαι, καὶ τὴν πόλιν ἐκπορθῆσαι, καὶ
τὴν ἀδελφὴν ἀναρρυσαμένους μετὰ τῶν αἰχμαλώτων
εἰς τὴν πατρῴαν ἔπαυλιν διακομίσαι.   —Eus., ix, 22

1. Ἐμώρ: Construed with some word in the lines preceding, perhaps some verb of seeing: "When, then, Simeon (saw) Emor, he rushed upon him."

2. οἱ: a limit of πλῆξε.

3. ὀρώρει: fr. ὄρνυμι, LS., *s. v.*, 4 = ἦν. "For there was another task."

4. "In the meanwhile Levi had rushed on, impelled by ungovernable rage. Shechem (who was) clinging to his knees and uttering fierce, defiant words, Levi seized by the hair."

6. "He smote him squarely on the shoulder and the keen sword pierced through his chest into the vitals."

7. σπλάγχνα, *sc.* εἰς, but cf. LS., δύω, I, 3.

EZEKIEL

Of Ezekiel (*ca.* 110) we know but little, other than that he was (and, so far as we know, the only one) a Jewish writer of tragedies. His dramatic work, based on the Old Testament narratives, is comparable with the scriptural dramas of the Middle Ages. Clement of Alexandria cites him as: ὁ Ἐζεκίηλος ὁ τῶν Ἰουδαικῶν τραγῳδιῶν ποιητής and Eusebius as Ἐζεκιῆλος ὁ τῶν τραγῳδιῶν ποιητής. He doubtless wrote a number of tragedies, though we know of but one, *The Exodus* (Ἐξαγωγή).

From the surviving fragments it is difficult to tell how much of the Old Testament his work covered: the first extant passage begins with a monologue describing the migration to Egypt. Ezekiel embellishes his narrative with added details. His verse, iambic trimeter, at times doubtful because of uncertainty of text, is generally smooth, though faulty lines occur, e. g.:

σὺ μὲν πρὸς ἡμῶν, ὁ δὲ | λαβὼν σέθεν πάρα.

Like other writers of his time, Ezekiel is a stylist; he preserves form at the expense of naturalness and spontaneity.

In name, theme, manner of treatment, and spirit Ezekiel is clearly a Jew.

Sources: Eusebius, ix, 28, 29; Clement, i, 23, 155.
References: Schürer, III, pp. 373 ff.; Christ, p. 561;
Susemihl, pp. 653 f.

FRAGMENT 1

Pharaoh commands that the Hebrew male
children be put to death. Moses concealed by his
mother is discovered by the princess who provides
for the care of the child.

ἀφ' οὗ δ' Ἰακὼβ γῆν λιπὼν Χαναναίαν
κατῆλθ' ἔχων Αἴγυπτον ἑπτάκις δέκα
ψυχὰς σὺν αὑτῷ, κἀπεγέννησεν πολὺν
λαὸν κακῶς πράσσοντα καὶ τεθλιμμένον,
5 ἐς ἄχρι τούτων τῶν χρόνων κακούμενον
κακῶν ὑπ' ἀνδρῶν καὶ δυναστείας χερός.
ἰδὼν γὰρ ἡμῶν γένναν ἅλις ηὐξημένην,
δόλον καθ' ἡμῶν πολὺν ἐμηχανήσατο
βασιλεὺς Φαραώ, τοὺς μὲν ἐν πλινθεύμασιν
10 οἰκοδομίας τε βάρεσιν αἰκίζων βροτούς,
πόλεις τ' ἐπύργου σφῶν ἕκατι δυσμόρων.
ἔπειτα κηρύσσει μὲν Ἑβραίων γένει,
τἀρσενικὰ ῥίπτειν ποταμὸν ἐς βαθύρροον.
ἐνταῦθα μήτηρ ἡ τεκοῦσ' ἔκρυπτέ με
15 τρεῖς μῆνας, ὡς ἔφασκεν. οὐ λαθοῦσα δὲ
ὑπεξέθηκε, κόσμον ἀμφιθεῖσά μοι,
παρ' ἄκρα ποταμοῦ, λάσιον εἰς ἕλος δασύ.
Μαριὰμ δ' ἀδελφή μου κατώπτευεν πέλας·
κἄπειτα θυγάτηρ βασιλέως ἅβραις ὁμοῦ
20 κατῆλθε λουτροῖς φαιδρῦναι τὸ ἑὸν δέμας·
νέον ἰδοῦσα δ' καὶ λαβοῦσ' ἀνείλετο,
ἔγνω δ' Ἑβραῖον ὄντα· καὶ λέγει τάδε
Μαριὰμ ἀδελφὴ προσδραμοῦσα βασιλίδι,
θέλεις τροφόν σοι παιδὶ τῷδ' εὕρω ταχὺ
25 ἐκ τῶν Ἑβραίων; ἡ δ' ἐπέσπευσεν κόρην·

μολοῦσα δ' εἶπε μητρί. καὶ παρῆν ταχὺ
αὐτή τε μήτηρ κἄλαβέν μ' ἐς ἀγκάλας.
εἶπεν δὲ θυγάτηρ βασιλέως· τοῦτον, γύναι,
τρόφευε, κἀγὼ μισθὸν ἀποδώσω σέθεν.
30 ὄνομα δὲ Μωσῆν ὠνόμαζε, τοῦ χάριν
ὑγρᾶς ἀνεῖλεν ποταμίας ἀπ' ἠόνος.

—Eus., ix, 28; Clem., i, 23, 155

4. κακῶς πράσσοντα: "faring ill"; cf. LS., πράσσω, IV.

5. τούτων τ. χρόνων: Dindorf here reads acc. sing. ἄχρι here is to be construed adverbially. Cf. LS., s. v., I, 2.

6. "ill-treated by a-wicked people and a still worse dynasty."

10. Cf. Exod. 1:11 ff.

11. ἔκατι. Clement and Dindorf, here ἔκητι. The Ionic forms are more natural to these writers than the corresponding Doric and Attic, as attest such occurrences as, Theodotus: κούρη, ἀραιή, ἱερή, ποίης, λαιῇ, ἔμπης, νειηγενές, οὔρεα, Εὐφρήτοιο, αὐτοκασιγνήτοιο, θεοῖο, ἀνέρι(-έρα), πτόλιν, κληΐδα, τοῖσιν; φαίνετ', λίπεν, δῦ, τολύπευσε, κέλετ'; ἔλλαβε, ἔλλαθε; ἔην and ἔσκεν, ἔειπεν, ἀγέμεν; Philo: αἰνογόνοιο, θηκτοῖο, Ἀβραάμοιο, σφαράγοιο, εὐτέκνοιο, Αἰγύπτοιο, τοῖσιν, ἀρχεγόνοισι, ὅροισι, θρόνοισι, μεγαυχητοῖσι χείρεσσι; ποίησεν, μείς; and Ezekiel: ἔην, ἔσκεν, ἔτησι, ποσσίν; ἔσσεθ', θήκαμεν.

17. ἄκρα: in one of the marshes draining into the Nile—εἰς ἕλος δασύ (Clem., βαθύ). LXX (Exod. 2:3): εἰς τὸ ἕλος παρὰ τὸν ποταμόν. The Greek was the text of the Old Testament current in Palestine in this period. For ἄκρα some MSS read ὄχθην, i. e., "along the dike." LXX: καὶ κατεσκόπευεν ἡ ἀδελφὴ αὐτοῦ μακρόθεν μαθεῖν τί τὸ ἀποβησόμενον αὐτῷ.

19. ἄβραις: LXX (Exod. 2:5) ἄβραι αὐτῆς παρεπορεύοντο.

20. φαιδρῦναι, κτλ. Dindorf here:

κατῆλθε λουτροῖς χρῶτα φαιδρῦναι νέον
ἰδοῦσα δ' εὐθὺς καὶ λαβοῦσ' ἀνειλετο,

with which reading agrees Clem. As early as Clement and Eusebius there must have been considerable variations in the text of Ezekiel's poem.

24. Cf. LXX (Exod. 2:7): θέλεις καλέσω σοι γυναῖκα τροφεύουσαν ἐκ τῶν Ἑβραίων, καὶ θηλάσει σοι τὸ παιδίον;

29. μισθὸν .... σέθεν: "I will pay your wage." The compound form does not necessarily mean here, to pay in full, as LS., ἀπό, C, 4: the later writers preferred the longer word to the simple form.

FRAGMENT 2

Moses concealed by his mother is discovered by the king's daughter and rescued from the river. He becomes a fugitive and wanders to Europe.

> ἐπεὶ δὲ καιρὸς νηπίων παρῆλθέ μοι,
> ἦγέν με μήτηρ βασιλίδος πρὸς δώματα,
> ἅπαντα μυθεύσασα καὶ λέξασά μοι
> γένος πατρῷον καὶ θεοῦ δωρήματα.
> 5 ἕως μὲν οὖν τὸν παιδὸς εἴχομεν χρόνον,
> τροφαῖσι βασιλικαῖσι καὶ παιδεύμασιν
> ἅπανθ' ὑπισχνεῖθ', ὡς ἀπὸ σπλάγχνων ἑῶν.
> ἐπεὶ δὲ πλήρης κόλπος ἡμερῶν παρῆν,
> ἐξῆλθον οἴκων βασιλικῶν· πρὸς ἔργα γὰρ
> 10 θυμός μ' ἄνωγε καὶ τέχνασμα βασιλέως.
> ὁρῶ δὲ πρῶτον ἄνδρας ἐν χειρῶν νόμῳ,
> τὸν μὲν γένος Ἑβραῖον, τὸν δ' Αἰγύπτιον.
> ἰδὼν δ' ἐρήμους καὶ παρόντα μηδένα,
> ἐρρυσάμην ἀδελφὸν, τὸν δ' ἔκτειν' ἐγώ.
> 15 ἔκρυψα δ' ἄμμῳ τοῦτον, ὥστε μὴ εἰσιδεῖν
> ἕτερόν τιν' ἡμᾶς κἀπογυμνῶσαι φόνον.
> τῇ 'παύριον δὲ πάλιν ἰδὼν ἄνδρας δύο.

μάλιστα δ' αὐτοὺς συγγενεῖς κακουμένους,
λέγω "τί τύπτεις ἀσθενέστερον σέθεν;"
20 ὁ δ' εἶπεν· "ἡμῖν τίς σ' ἀπέστειλεν κριτὴν
ἢ' πιστάτην ἐνταῦθα; μὴ κτενεῖς σύ με,
ὥσπερ τὸν ἐχθὲς ἄνδρα;" καὶ δείσας ἐγὼ
ἔλεξα· "πῶς ἐγένετο συμφανὲς τόδε;"
καὶ πάντα βασιλεῖ ταῦτ' ἀπήγγειλεν ταχύ;
25 ζητεῖ δὲ Φαραὼ τὴν ἐμὴν ψυχὴν λαβεῖν·
ἐγὼ δ' ἀκούσας ἐκποδὼν μεθίσταμαι,
καὶ νῦν πλανῶμαι γῆν ἐπ' ἀλλοτέρμονα.

εἶτα περὶ τῶν τοῦ Ῥαγουὴλ θυγατέρων οὕτως ἐπι-
βάλλει,

ὁρῶ δὲ ταύτας ἑπτὰ παρθένους τινάς.
—Eus., ix, 28; Clem., i, 23, 155

3. ἅπαντα μυθεύσασα, κτλ.: "making up a marvelous story she told me of ancient family and of gifts divinely bestowed."

μοι: here, as in l. 1 above, Dindorf reads, with greater difficulty, με. So Clement, though Klotz adds that the more common reading is μοι.

6. Cf. Acts 7:22.

7. ὡς . . . . ἑῶν: "as though (one born) from the royal (lit., her own, i. e., the princess', implied from above) womb."

8. "When the fulness of time was past."

9. πρὸς . . . . βασιλέως: bracket, Dindorf; om. Clem., πρὸς ἔργα γὰρ (l. 9) . . . . λέγω (l. 19). βασιλικῶν: here ends Clement's quotation.

10. θυμός: "anger," LS., s. v., 4. ἄνωγε: old epic perfect with present sense, "anger urged me on."

12. τὸν δ' (see also l. 14): Dindorf here, ὃν δ'. γέγωθ'.

18. κακουμένους: Dindorf here, πατουμένους.

19 ff. τί τύπτεις . . . . συμφανὲς τόδε: quoted by Clement.

21. μὴ κτενεῖς σύ με: μή, interrogative adverb, as in LXX, Exod. 2:14: μὴ ἀνελεῖν με σὺ θέλεις, where the Greek is a close rendering of הַלְהָרְגֵנִי.

FRAGMENT 3

Sepphora, in reply to Moses' question, declares this to be the land of Libya, her father's domain.

> Λιβύη μὲν ἡ γῆ πᾶσα κλῄζεται, ξένε,
> οἰκοῦσι δ' αὐτὴν φῦλα παντοίων γενῶν,
> Αἰθίοπες ἄνδρες μέλανες· ἄρχων δ' ἐστὶ γῆς
> εἷς, καὶ τύραννος καὶ στρατηλάτης μόνος.
> 5 ἄρχει δὲ πόλεως τῆσδε καὶ κρίνει βροτοὺς
> ἱερεύς, ὅς ἐστ' ἐμοῦ τε καὶ τούτων πατήρ.

εἶτα περὶ τοῦ ποτισμοῦ τῶν θρεμμάτων διελθὼν, περὶ τοῦ τῆς Σεπφώρας ἐπιβάλλει γάμου, δι' ἀμοιβαίων παρεισάγων τόν τε Χοὺμ καὶ τὴν Σεπφώραν λέγοντας·

> ὅμως κατειπεῖν χρή σε, Σεπφώρα, τάδε
> ξένῳ· πατήρ με τῷδ' ἔδωκεν εὐνέτιν."

—Eus., ix, 28

1. πᾶσα: GGr., 979.

2. φῦλα . . . . παντοίων: "clans of all sorts of nationalities."

7 f. Dindorf preserves a dialogue from this point, assigning the first line to Sepphora, the second to Moses.

FRAGMENT 4

A vision of Moses. It is declared to be an oracle.

> ἐδόκουν ὁρᾶν κατ' ἄκρα που θρόνον μέγαν
> τιν' εἶναι μέχρις οὐρανοῦ βεβηκότα,
> ἐν ᾧ καθῆσθαι φῶτα γενναῖόν τινα

διάδημ' ἔχοντα, καὶ μέγα σκῆπτρον χερὶ
5 εὐωνύμῳ μάλιστα· δεξιᾷ δέ μοι
ἔνευεσε, κᾀγὼ πρόσθεν ἐστάθην θρόνου.
σκῆπτρον δέ μοι παρέδωκεν, καὶ εἰς θρόνον
μέγαν μ' εἶπεν καθῆσθαι. βασιλικὸν δέ μοι ἔδωκε
διάδημα. καὶ αὐτὸς ἐκὼν ἐκ θρόνων χωρίζεται.
10 ἐγὼ δ' ἐσεῖδον γῆν ἅπασαν ἔγκυκλον,
κἄνερθε γαίας κἀξύπερθεν οὐρανοῦ,
καί μοί τι πλῆθος ἀστέρων πρὸς γούνατα
ἔπιπτ', ἐγὼ δὲ ἐξῆς πάντας ἐξηριθμησάμην,
κἀμοὶ παρῆγεν ὡς παρεμβολὴ βροτῶν.
15 εἶτ' ἐμφοβηθεὶς ἐξανίσταμαι ἐξ ὕπνου.

ὁ δὲ πενθερὸς αὐτοῦ τὸν ὄνειρον ἐπικρίνει οὕτως

ὦ ξεῖνε, καλόν σοι τοῦτ' ἐσήμηνεν θεός.
ζώην δ' ὅταν σοι ταῦτα συμβαίνῃ ποτέ.
ἀρά γε μέγαν τιν' ἐξαναστήσεις θρόνον,
καὐτὸς βραβεύσεις καὶ καθηγήσῃ βροτῶν.
20 τὸ δέ σε τεθεᾶσθαι γῆν ὅλην οἰκουμένην,
τὰ θ' ὑπένερθεν καὶ τὰ ὑπὲρ οὐρανὸν θεοῦ,
ὄψει τά τ' ὄντα τά τε προτοῦ τά θ' ὕστερον.

—Eus., ix, 29

1 f. Dindorf's text here gives a smoother hexameter
line, but adds too many details:

ἔδοξ' ὄρους κατ' ἄκρα Σιναίου θρόνον
μέγαν τιν' εἶναι μέχρις οὐρανοῦ πτυχός

που: "somewhere;" Dindorf's Σιναίου, connecting the
vision with the place of giving the Law, seems an after-
thought.

8. φῶτα: here a royal personage is referred to; from
φώς, not from φῶς. Cf. Apollonius Rhodius, *Arg.*, i,
1 ff.: ἀρχόμενος σέο, Φοῖβε, παλαιγενέων κλέα φωτῶν μνήσο-
μαι, οἱ Πόντοιο κατὰ στόμα καὶ διὰ πέτρας, κτλ. Cf. also
Dion. Areop., ix.

7 ff. Heinichen emends:

σκῆπτον δέ μοι παρέδωκεν κ' εἰς θρόνον μέγαν
μ' εἶπεν καθῆσθαι, βασιλικὸν δέ μοι δίδου
διάδημα, καὐτὸς ἐκ θρόνου χαρίζεται·
ἐγὼ δ' εἰσεῖδον γῆν ἅπασαν ἔγκυκλον,
κ' ἄνερθε γαίας κἀξ ὑπερθεν οὐρανοῦ·
καί μοί τι πλῆθος ἀστέρων πρὸς γούνατα
ἔπιπτ'. ἐγὼ δὲ πάντας ἠριθμησάμην·
κἀμοὶ παρῆγεν ὡς παρεμβολὴ βροτῶν·
εἶτ' ἐμφοβηθεὶς ἐξανίσταμαι ὕπνου.

From this Dindorf's text varies: παρέδωκε, — κεῖς — μ'
εἶπεν — καθῆσθαι· — δ' ἔδωκέ μοι — χωρίζεται. — κἄνερθε — κἀξ ὑ-
περθεν — οὐρανοῦ, — ἔπιπτ', — βροτῶν. — ἐμφοβηθεὶς — ἐξανι-
σταμ' ἐξ ὕπνου. Heinichen supports his emendation:
*partim nonnulla manuscr. ope, partim conjectura,
sanari ac restitui possunt.*

14. παρεμβολὴ βροτῶν: "a camp of men," a warlike
scene. Moses was called to the task of organizing and
training a horde into the semblance of a nation. To
the Jewish writers, who delighted in the glorification of
their ancient heroes, the career of Moses as deliverer,
lawgiver, and leader was a favorite theme. "He spoke
to his parents on the day of his birth and prophesied
when only three years of age." "When only three
years of age while seated at the king's table in the
presence of the royal retinue, Moses took the crown from
Pharaoh's head and put it on his own," etc. See Köh-
ler in *Jewish Encyclopedia*, IX, p. 57.

16. ξεῖνε: better as Dindorf, ξένε; see Heinichen,
note.

18. ἀρα: better, ἄρα.

20. σε τεθεάσθαι: σ' εἰσθεάσθαι preferred by Heinichen.
See his note.

22. προτοῦ = πρὸ τοῦ; *sc.* χρόνου = "ere this."

FRAGMENT 5

From the burning bush God speaks to Moses
and calls him to deliver Israel. Aaron is to be his
spokesman before Pharaoh.

περὶ δὲ τῆς καιομένης βάτου καὶ τῆς ἀποσταλῆς
αὐτοῦ τῆς πρὸς Φαραὼ πάλιν παρεισάγει δι᾽ ἀμοι-
βαίων τὸν Μωσῆν τῷ θεῷ διαλεγόμενον.   φησὶ δὲ
ὁ Μωσῆς.

> ἔα · τί μοι σημεῖον ἐκ βάτου τόδε,
> τεράστιόν τε καὶ βροτοῖς ἄπιστον ὄν
> ἄφνω βάτος μὲν καίεται πολλῷ πυρί,
> αὐτοῦ δὲ χλωρὸν πᾶν μένει τὸ βλαστάνον.
> 5 τί δή; προελθὼν ὄψομαι τεράστιον
> μέγιστον · οὐ γὰρ πίστιν ἀνθρώποις φέρει.

εἶτα ὁ θεὸς αὐτῷ προσομιλεῖ ·

> ἐπίσχες, ὦ φέριστε, μὴ προσεγγίσῃς
> Μωσῆ, πρὶν ἢ τῶν σῶν ποδῶν λῦσαι δέσιν.
> ἁγία γὰρ ἡ γῆ, ὁποῦ ἐφέστηκας πέλει ·
> 10 ὁ δ᾽ ἐκ βάτου σοι θεῖος ἐκλάμπει λόγος ·
> θάρσησον, ὦ παῖ, καὶ λόγων ἄκου᾽ ἐμῶν ·
> ἰδεῖν γὰρ ὄψιν τὴν ἐμὴν ἀμήχανον
> θνητὸν γεγῶτα.   τῶν λόγων δ᾽ ἔξεστί σοι
> ἐμῶν ἀκούειν, τῶν ἔκατ᾽ ἐλήλυθα.
> 15 ἐγὼ θεὸς σῶν, ὧν λέγεις, γεννητόρων,
> Ἀβραάμ τε κ᾽ Ἰσαὰκ κ᾽ Ἰακώβου τρίτου.
> μνησθεὶς δ᾽ ἐκείνων καὶ ἔτ᾽ ἐμῶν δωρημάτων,
> πάρειμι σῶσαι λαὸν Ἑβραίων ἐμόν,
> ἰδὼν κάκωσιν καὶ πόνον δούλων ἐμῶν.
> 20 ἀλλ᾽ ἕρπε καὶ σήμαινε τοῖς ἐμοῖς λόγοις,
> πρῶτον μὲν αὐτοῖς πᾶσιν Ἑβραίοις ὁμοῦ,
> ἔπειτα βασιλεῖ, τὰ ὑπ᾽ ἐμοῦ τεταγμένα,
> ὅπως σὺ λαὸν τὸν ἐμὸν ἐξάγοις χθονός.

εἶτα ὑποβάς τινα ἀμοιβαῖα αὐτὸς ὁ Μωσῆς λέγει

οὐκ εὔλογος πέφυκα, γλῶσσα δ' ἐστί μου
25 δύσφραστος, ἰσχνόφωνος, ὥστε μὴ λόγους
ἐμοὺς γενέσθαι βασιλέως ἐναντίον.

εἶτα πρὸς ταῦτα ὁ θεὸς αὐτῷ ἀποκρίνεται

Ἀάρωνα πέμψον σὸν κασίγνητον ταχύ,
ᾧ πάντα λέξεις τἀξ ἐμοῦ λελεγμένα,
καὐτὸς λαλήσει βασιλέως ἐναντίον,
30 σὺ μὲν πρὸς ἡμῶν, ὁ δὲ λαβὼν σέθεν πάρα.

—Eus., ix, 29

1. τόδε; : So Heinichen, but repetition of the interrogation mark is unnecessary.

2. Dindorf, ἀπιστία for ἀπ. ὀν.

8. ἄφνω: the suddenness is startling, ὄψομαι: GMT., 65, but cf. LXX (Exod. 3:3), ὄψομαι τὸ ὅραμα τὸ μέγα τοῦτο: the picture here is rather Hebrew than Greek.

7. φέριστε: translate, "noble servant." Note the changing salutation: φέριστε, Μωσῆ, ... παῖ.

8. Cf. LXX (Exod. 3:5 ff.) ὁ δὲ εἶπεν Μὴ ἐγγίσῃς ὧδε · λῦσαι τὸ ὑπόδημα ἐκ τῶν ποδῶν σου, ὁ γὰρ τόπος ἐν ᾧ σὺ ἔστηκας γῆ ἁγία ἐστίν.

9. Dindorf's reading, ἧς σὺ γῆς, is impossible. ἐφέστηκας: legendum videtur ἔστηκας, Vigerus. πέλει: not ἐστὶ; not a passing sacredness; this spot might well have become a shrine, LS., πέλω, II.

12. "For it is impossible for one a mortal to behold me, but to thee it is permitted (even) to hear my words, for which (very) thing I am come."

16. Exod. 3:6.

17. "Mindful of them and of my gifts yet to be bestowed. I am here to save my people, [of] the Hebrews."

23. ἐξάγοις: depending on σήμαινε, GMT., 322.

80. ἡμῶν: an awkward use of plural, but in a way the measure of the line is preserved.

FRAGMENT 6

A dialogue. Moses' faith in his call is strengthened by a series of miraculous happenings.

περὶ δὲ τῆς ῥάβδου καὶ τῶν ἄλλων τεράτων οὕτω
δι' ἀμοιβαίων εἴρηκε,

Θ. τί δ' ἐν χεροῖν σοῖν τοῦτ' ἔχεις; λέξον ταχύ.
Μ. ῥάβδον τετραπόδων καὶ βροτῶν κολάστριαν.
Θ. ῥῖψον πρὸς οὖδας, καὶ ἀποχώρησον ταχύ·
δράκων γὰρ ἔσται φοβερός, ὥστε θαυμάσαι.
5 Μ. ἰδοὺ βέβληται, σὺ δέ μοί ποθ' ἵλεως γενοῦ·
ὡς φοβερός, ὡς πέλωρος· οἴκτειρον σύ με,
πέφρικ' ἰδών, μέλη δὲ σώματος τρέμει.
Θ. μηδὲν φοβηθῇς, χεῖρα δ' ἐκτείνας λαβὲ
οὐράν, πάλιν δὲ ῥάβδος ἔσσεθ' ὥσπερ ἦν.
10 ἔνθες δὲ χεῖρ' εἰς κόλπον, ἐξένεγκέ τε.
ἰδοὺ τὸ ταχθέν, γέγονεν ὡσπερεὶ χιών·
ἔνθες πάλιν δ' εἰς κόλπον, ἔσται δ' ὥσπερ ἦν.

—Eus., ix, 29

The dialogue form is Dindorf's and does not appear in Heinichen's text.

1. Cf. Exod. 4:2 f.: Τί τοῦτό ἐστιν τὸ ἐν τῇ χειρί σου; ὁ δὲ εἶπεν Ῥάβδος.

2. κολάστριαν = κολαστής.

4. δράκων: LXX, ὄφις. The words are apparently used synonymously even in Homer, but the mythical δράκων better befits the poet; cf. ll. 6 f.

5. Dindorf for σὺ δέ μοι ποθ' reads δέσποθ', improving the line.

9. ὥσπερ: Heinichen, ἤπερ.

11 f. Carrying out Dindorf's scheme, l. 11 should be assigned to Moses, l. 12 to Theos.

FRAGMENT 7

The plagues and the inauguration of the Passover.

Ταῦτα δὲ φησιν οὕτω καὶ Ἐζεκιῆλος ἐν τῇ
Ἐξαγωγῇ λέγων, περὶ μὲν τῶν σημείων τὸν θεὸν
παρεισάγων λέγοντα οὕτως

ἐν τῇδε ῥάβδῳ πάντα ποιήσεις κακά.
πρῶτον μὲν αἷμα ποτάμιον ῥυήσεται,
πηγαί τε πᾶσαι καὶ ὑδάτων συστήματα ·
βατράχων τε πλῆθος καὶ σκνίπας ἐμβαλῶ χθονί.
5 ἔπειτα τέφραν οἷς καμιναίαν σπερῶ,
ἀναβλύσει δὲ ἐν βροτοῖς ἕλκη πικρά.
κυνόμυια δ' ἥξει, καὶ βροτοὺς Αἰγυπτίων
πολλοὺς κακώσει · μετὰ δὲ ταῦτ' ἔσται πάλιν
λοιμὸς, θανοῦνται δ' οἷς ἔνεστι καρδία
10 σκληρά · πικρανῶ δὲ οὐρανόν · χάλαζα νῦν
σὺν πυρὶ πεσεῖται καὶ νεκροὺς θήσει βροτούς.
καρποί τ' ὀλοῦνται, τετραπόδων τε σώματα ·
σκότος δὲ θήσω τρεῖς ἐφ' ἡμέρας ὅλας,
ἀκρίδας τε πέμψω, καὶ πέριξ τὰ βρώματα
15 ἅπαντ' ἀναλώσουσι καὶ καρποῦ χλόην.
ἐπὶ πᾶσι τούτοις τέκν' ἀποκτενῶ βροτῶν
πρωτόγονα, παύσω δ' ὕβριν ἀνθρώπων κακῶν.
Φαραὼ δὲ βασιλεὺς πείσετ' οὐδὲν ὧν λέγω,
πλὴν τέκνον αὐτοῦ πρωτόγονον ἕξει νεκρόν ·
20 καὶ τότε φοβηθεὶς λαὸν ἐκπέμψει ταχύ ·
πρὸς τοῖσδε λέξεις πᾶσιν Ἑβραίοις ὁμοῦ,
ὁ μεὶς ὅδ' ὑμῖν πρῶτος ἐνιαυτοῦ πέλει ·
ἐν τῷ δ' ἀπάξω λαὸν εἰς ἄλλην χθόνα,
εἰς ἣν ὑπέστην πατράσιν Ἑβραίων γένους.
25 λέξεις δὲ λαῷ παντί · μηνὸς οὗ λέγω
διχομηνίᾳ, τὸ πάσχα θύσαντας θεῷ
τῇ πρόσθε νυκτὶ, αἵματι ψαῦσαι θύρας,

ὅπως παρέλθῃ σῆμα δεινὸς ἄγγελος.
ὑμεῖς δὲ νυκτὸς ὀπτὰ δαίσεσθε κρέα.
30 σπουδῇ δὲ βασιλεὺς ἐκβαλεῖ πρόπαντ' ὄχλον.
ὅταν δὲ μέλλητ' ἀποτρέχειν, δώσω χάριν
λαῷ, γυνή τε παρὰ γυναικὸς λήψεται
σκεύη κόσμον τε πάνθ', ὃν ἄνθρωπος φέρει,
χρυσόν τε καὶ ἄργυρον, ἠδὲ καὶ στολὰς, ἵνα
35 ἀνθ' ὧν ἔπραξαν μισθὸν ἀποδῶσιν βροτοῖς.
ὅταν δ' ἐς ἴδιον χῶρον εἰσέλθηθ', ὅπως
ἀφ' ἧσπερ ἠοῦς ἐφύγετ' Αἰγύπτου ἄπο,
ἑπτὰ διοδοιποροῦντες ἡμερῶν ὁδὸν,
πάντες τοσαύτας ἡμέρας ἔτος κάτα
40 ἄζυμ' ἔδεσθε, καὶ θεῷ λατρεύσετε,
τὰ πρωτότοκα ζῷα θύοντες θεῷ,
ὅσ' τ' ἂν τέκωσι παρθένοι πρώτως τέκνα
τἀρσενικὰ, διανοίγοντα μήτρας μητέρων.

—Eus., ix, 29

1. ἐν: "with this rod," preposition expressing instrument, as LXX, for Hebrew בְּ; cf. Collins and Cowley, *Hebrew Grammar*, 399, 6.

4. σκνίπας: So LXX (Exod. 8:16 ff.). Hebrew, כִּנָּם, "gnats;" cf. Ps. 105:31 (Heb.). σκνίψ also signifies a plant louse and scholars differ as to whether this plague was one of lice or gnats (fleas; cf. the proverb, ἡ σκνὶψ ἐν χώρᾳ). It is claimed by some that the use of the word in the Talmud favors the meaning "lice;" but, *contra*, it is claimed by others that the word, כִּנָּא, may also be translated simply, "vermin." The description in Exod. 8:16 ff. seems to be of something akin to the gnat, possibly the sandfly.

12. Dindorf inserts a comma after ὀλοῦνται, properly dividing the line. Ezekiel follows the narrative of Exodus closely:

Exodus	Ezekiel
(7:17) αἷμα	αἷμα
(8:2) βάτραχοι	βάτραχοι
(8:16) σκνῖφες	σκνῖπες
(8:24) κυνόμυια	κυνόμυια
(9:4) θάνατος μέγας	λοιμός
(9:18 ff.) χάλαζα, πῦρ	χάλαζα σὺν πυρί
(10:12) ἀκρίδες	σκότος (3 days)
(10:24) σκότος (3 days)	ἀκρίδες
(11:5) πρωτοτόκοι.	πρωτογόνοι

22. ὁ μεὶς ὅδ': Exod. 12:1 f.

26. διχομηνίᾳ: dividing the month in two, i. e., by the changes of the Moon; cf. Exod. 12:1 ff.

29. ὀπτά: Exod. 12:9: ὀπτὰ πυρί.

30. πρόπαντ': Exod. 11:1: σὺν παντὶ ἐκβαλεῖ ὑμᾶς ἐκβολῇ.

32. Cf. Exod. 11:1-3.

33. Better as Dindorf, σκεύη.

36 ff. For the institution of the Passover as a fixed feast, see Exod. 12:14-20. For the first observance after entering Canaan, see Josh. 5:10 ff.

39 f. "For just so many days (i. e., seven) at this season ye shall eat unleavened bread," etc.

FRAGMENT 8

How this (Passover) season is to be observed. The Exodus is to mark a new date from which to reckon time.

καὶ πάλιν περὶ τῆς αὐτῆς ταύτης ἑορτῆς φησὶν
ἐπεξεργαζόμενον ἀκριβέστερον εἰρηκέναι

ἀνδρῶν Ἑβραίων τοῦδε τοῦ μηνὸς λαβὲ
κατὰ συγγενείας πρόβατα καὶ μόσχους βοῶν
ἄμωμα, δεκάτῃ. καὶ φυλαχθήτω μέχρι

τετρὰς ἐπιλάμψει δεκάδι, καὶ πρὸς ἑσπέραν
5 θύσαντες, ὀπτὰ πάντα σὺν τοῖς ἔνδοθεν
οὕτω φάγεσθε ταῦτα· περιεζωσμένοι,
καὶ κοῖλα ποσσὶν ὑποδεδῆσθε, καὶ χερὶ
βακτηρίαν ἔχοντες. ἐν σπουδῇ τε γὰρ
βασιλεὺς κελεύσει πάντας ἐκβαλεῖν χθονός,
10 κεκλήσεται δὲ πᾶς. ὅταν θύσητε, δεῖ
δεσμὴν λαβόντας χερσὶν ὑσσώπου κόμης,
εἰς αἷμα βάψαι καὶ θιγεῖν σταθμῶν δυοῖν,
ὅπως παρέλθῃ θάνατος Ἑβραίων ἄπο.
ταύτην δ' ἑορτὴν δεσπότῃ τηρήσετε,
15 ἔφθ' ἡμέρας ἄζυμα. καὶ οὐ βρωθήσεται
ζύμη. κακῶν γὰρ τῶνδ' ἀπαλλαγήσεται,
καὶ τοῦδε μηνὸς ἔξοδον διδοῖ θεός·
ἀρχὴ δὲ μηνῶν καὶ χρόνων οὗτος πέλει.

—Eus., ix, 29

1 ff. LXX reads, Exod. 12:3 ff.: ⁸τῇ δεκάτῃ τοῦ μηνὸς
τούτου λαβέτωσαν ἕκαστος πρόβατον κατ' οἴκους πατριῶν,
ἕκαστος πρόβατον κατ' οἰκίαν. ⁵πρόβατον τέλειον ἄρσεν
ἐνιαύσιον ἔσται ὑμῖν. ⁶καὶ ἔσται ὑμῖν διατετηρημένον ἕως τῆς
τεσσαρεσκαιδεκάτης τοῦ μηνὸς τούτου, καὶ σφάξουσιν αὐτὸ πᾶν
τὸ πλῆθος συναγωγῆς υἱῶν Ἰσραὴλ πρὸς ἑσπέραν. ⁷καὶ
λήμψονται ἀπὸ τοῦ αἵματος, καὶ θήσουσιν ἐπὶ τῶν δύο σταθμῶν
καὶ ἐπὶ τὴν φλιὰν ἐν τοῖς οἴκοις ἐν οἷς ἐὰν φάγωσιν αὐτὰ ἐν
αὐτοῖς. ⁸καὶ φάγονται τὰ κρέα τῇ νυκτὶ ταύτῃ ὀπτὰ πυρὶ, καὶ
ἄζυμα ἐπὶ πικρίδων ἔδονται. ⁹οὐκ ἔδεσθε ἀπ' αὐτῶν ὠμὸν οὐδὲ
ἡψημένον ἐν ὕδατι ἀλλ' ἢ ὀπτὰ πυρὶ, κεφαλὴν σὺν τοῖς ποσὶν
καὶ τοῖς ἐνδοσθίοις. ¹¹οὕτως δὲ φάγεσθε αὐτό· αἱ ὀσφύες ὑμῶν
περιεζωσμέναι, καὶ τὰ ὑποδήματα ἐν τοῖς ποσὶν ὑμῶν, καὶ αἱ
βακτηρίαι ἐν ταῖς χερσὶν ὑμῶν, καὶ ἔδεσθε αὐτὸ μετὰ σπουδῆς·
πάσχα ἐστιν Κυρίῳ.

9. ἐκβαλεῖν: "to go out," LS., s. v., Χ.

10. κεκλήσεται: "Everyone shall be summoned," f. p.
mid.; on its use passively vide Gildersleve, Syntax,

281, and on the imperative sense *vide ibid.*, 282; cf.
LS., *s. v.* pass., fut.

11 f. Dindorf here reads δὲ .... λαβόντες, i. e., βάψαι
is construed as aor. mid. imper. Heinichen's reading is
better: "When you sacrifice, the thing for you do is to
take in your hands a bunch of hyssop branches (foliage),
dip it into (the) blood, and strike (the) two door-posts
that death may pass by away from the Hebrews."

12. For αἷμα Dindorf reads εἷμα: impossible.

14. LXX reads, Exod. 12:15: ἀπὸ τῆς ἡμέρας τῆς πρώτης
ἕως τῆς ἡμέρας τῆς ἑβδόμης.

16. ἀπαλλαγήσεται: "There shall be release from
these ills." Heinichen in the text reads ἀπαλλαγὴ ἔσσεται,
as also Vigerus, who translates:

> quippe tot finem malis
> hoc mense statuens pandit egressum deus.

18. χρόνων: "seasons," i. e., reckoned time. Cf. Rev.
10:6: χρόνος οὐκέτι ἔσται.

FRAGMENT 9

The Egyptians overtake the Hebrew fugitives
at the shore of the Red Sea, which opens to allow
the Hebrews to pass but sweeps the Egyptians to
their doom. The fugitives are wonderfully pro-
tected.

Φησὶ δὲ καὶ Ἐζεκιῆλος ἐν τῷ δράματι τῷ ἐπι-
γραφομένῳ Ἐξαγωγὴ, παρεισάγων ἄγγελον λέγοντα
τήν τε τῶν Ἑβραίων διάθεσιν καὶ τὴν τῶν Αἰγυπτίων
φθορὰν οὕτως

> ὡς γὰρ σὺν ὄχλῳ τῷδ' ἀφώρμησεν δόμων
> βασιλεὺς Φαραὼ, μυρίων ὅπλων μέτα,
> ἵππου τε πάσης ἁρμάτων τετραόρων.
> καὶ προστάταισι καὶ παραστάταις ὁμοῦ,

5 ἦν πᾶσι φρικτὸς ἀνδρῶν ἐκτεταγμένων ὄχλος.
   πεζοὶ μὲν ἐν μέσοισι καὶ φαλαγγικοί,
   διεκδρομὴς ἔχοντες ἅρμασιν τόπους·
   ἱππεῖς δ' ἔταξε, τοὺς μὲν ἐξ εὐωνύμων,
   ἐκ δεξιῶν δέ τινας Αἰγυπτίου στρατοῦ.
10 τὸν πάντα δ' ἀριθμὸν ἠρόμην ἐγώ·
   στρατοῦ μυριάδες ἦσαν ἑκατὸν εὐάνδρου λεώς.
   ἐπεὶ δ' Ἑβραίων ἡμῖν ἤντησεν στρατός,
   οἱ μὲν παρ' ἀκτὴν πλησίον βεβλημένοι
   ἐρυθρᾶς θαλάσσης ἦσαν ἠθροϊσμένοι·
15 οἱ μὲν τέκνοισι νηπίοις δίδουν βορὰν,
   ὁμοῦ τε καὶ δάμαρσιν, ἔμπονοι κόπῳ·
   κτήνη τε πολλὰ, καὶ δόμων ἀποσκευὴ.
   αὐτοὶ δ' ἄνοπλοι πάντες εἰς μάχην χέρος,
   ἰδόντες ἡμᾶς, ἠλάλαξαν ἔνδακρυν
20 φωνὴν, πρὸς αἰθέρα τ' ἐστάθησαν ἀθρόοι,
   θεὸν πατρῷον. πολὺς δ' ἦν ἀνδρῶν ὄχλος.
   ἡμᾶς δὲ χάρμα πάντας εἶχεν ἐν μέρει.
   ἔπειθ' ὑπ' αὐτοὺς θήκαμεν παρεμβολὴν,
   Βεελζεφώντις κλήζεται πόλις βροτοῖς.
25 ἐπεὶ δὲ Τιτὰν ἥλιος δυσμαῖς προσῆν,
   ἐπέσχομεν, θέλοντες ὄρθριον μάχην,
   πεποιθότες λαοῖσι καὶ φρικτοῖς ὅπλοις.
   ἔπειτα θείων ἄρχεται τεραστίων
   θαυμάστ' ἰδέσθαι. καί τις ἐξαίφνης μέγας
30 στύλος νεφώδης ἐστάθη πρὸ γῆς μέγας.
   παρεμβολῆς ἡμῶν τε καὶ Ἑβραίων μέσος.
   κἄπειθ' ὁ 'κείνων ἡγεμὼν Μωσῆς, λαβὼν
   ῥάβδον θεοῦ, τῇ δὴ πρὶν Αἰγύπτῳ κακὰ
   σημεῖα καὶ τερατ' ἐξεμηχανήσατο,
35 ἔτυψ' ἐρυθρᾶς νῶτα καὶ ἔσχισεν μέσον
   βάθος θαλάσσης. οἱ δὲ σύμπαντες σθένει
   ὤρουσαν ὠκεῖς ἁλμυρᾶς δι' ἀτραποῦ.
   ἡμεῖς δ' ἐπ' αὐτῆς ᾠχόμεσθα συντόμως,
   κατ' ἴχνος τ' αὐτῶν· νυκτὸς εἰσεδύσαμεν
40 βοηδρομοῦντες· ἁρμάτων δ' ἄφνω τροχοὶ

οὐκ ἐστρέφοντο, δέσμιοι δ' ὡς ἥρμοσαν.
ἀπ' οὐρανοῦ δὲ φέγγος ὡς πυρὸς μέγα
ὤφθη τι ἡμῖν· ὡς μὲν εἰκάζειν, παρῆν
αὐτοῖς ἀρωγὸς ὁ θεός. ὡς δ' ἤδη πέραν
45 ἦσαν θαλάσσης, κῦμα δ' ἐρροίβδει μέγα
σύνεγγυς ἡμῶν, καί τις ἠλάλαξ' ἰδών.
φεύγωμεν οἴκοι πρόσθεν ὑψίστου χερός,
τοῖς μὲν γάρ ἐστ' ἀρωγός, ἡμῖν δ' ἀθλίοις
ὄλεθρον ἕρδει· καὶ συνεκλύσθη πόρος
50 ἐρυθρᾶς θαλάσσης καὶ στρατὸν διώλεσε.

—Eus., ix, 29

Introd. ἄγγελον: cf. Exod. 14:19: ἐξῆρεν ὁ ἄγγελος τοῦ θεοῦ κ.τ.λ.

1 ff. Cf. Exod. 14:15 ff.

2. βασιλεὺς Φαραώ: due to the late date of the writer. "Pharaoh" was the official title of the Egyptian rulers, who were kings only to such peoples as so designated their own rulers, i. e., those under Seleucid rule.

μυρίων: "with countless host."

4. "And with outriders, too, on front and flank."

9. τινας: Dindorf, πάντας, impossible.

11. στρατοῦ: Dindorf transfers to end of l. 10.

λεώς: "there were a million in (lit., of) this well-nigh countless army." Dindorf here reads λεώ, i. e., "the men of this huge army rounded a million" (λεώ?).

12. ἡμῖν: Dindorf, οὑμός. There is a break here; the description from now on is of an observer from the side of the Egyptians. "But when the army of the Hebrews faced us, some of them pushed out along the shore and stood huddled close to the Red Sea."

18. χερός: so also l. 47. GGr., 1141. Dindorf's χεράς is difficult of construction; GGr., 1058.

19. "They raised a plaintive cry to the God of their fathers, as they stood huddled together, exposed to the open air."

21. ὄχλος: expresses the disorganized, defenseless, condition of the people; cf. στρατός in ll. 12, 9.

23 f. The Egyptians encamped over against (ὑπό) the Hebrews, near a city called Beelzephon.

25. Τιτάν: Titan was the sun-god, Helios, according to the later poets. The Latin poets made Titan a son of Hyperion, e. g., *Aeneid*, iv, 119:

> ubi primos crastinus ortus
> extulerit Titan radiisque retexerit orbem.

29. θαυμάστ': attracted to accusative, as if the subject of infinitive limited, instead of being qualified by it.

30. μέγας: The homoioteleuton, ll. 29 f., would lead one to suspect the text, but editors agree.

34. ἐξεμηχανήσατο: "wrought;" better than Dindorf, ἐξεμήσατο.

39. εἰσεδύσαμεν: Dindorf, εἰσεκύρσαμεν.

40 ff. Exod. 14:25: καὶ συνέδησεν τοὺς ἄξονας τῶν ἁρμάτων αὐτῶν, καὶ ἤγαγεν αὐτοὺς μετὰ βίας.

42. Exod. 14:20 f.: LXX varies from the original, καὶ διῆλθεν ἡ νύξ for וַיְאֶר אֶת־הַלַּיְלָה, i. e., וַיֹּאר is represented in LXX text by διῆλθεν.

43. εἰκάζειν: "as it would seem," *s. v.*, III.

47. Exod. 14:25: καὶ εἶπαν (Alex., aor.; Blass, *Grammatik der neutestamentlichen Griechisch*, 21, 3) οἱ Αἰγύπτιοι Φύγωμεν ἀπὸ προσώπου Ἰσραήλ· ὁ γὰρ κύριος πολεμεῖ περὶ αὐτῶν πρὸς Αἰγυπτίους.
ὑψίστου χερός: "the hand of the Most High."

49. ἔρδει: fr. ἔρδω, which also takes an aspirate and is sometimes so written in manuscripts. LS., ἔρδω, init.

FRAGMENT 10

Guided by the flaming column they come to a valley where are twelve springs and seventy palms. A wondrous bird appears, which lords it over the feathered kind.

περὶ τούτων καὶ τοῦ φανέντος ὀρνέου Ἐζεκιῆλος ἐν
τῇ Ἐξαγωγῇ παρεισάγει τινὰ λέγοντα τῷ Μωσῇ περὶ
μὲν τῶν φοινίκων καὶ τῶν δώδεκα πηγῶν οὕτως

    κράτιστε Μωσῆ, πρόσχες, οἷον εὕρομεν
    τόπον, πρὸς αὐτῇ τῇδέ γ' εὐαεῖ νάπῃ.
    ἔστιν γὰρ, ὥς που καὶ σὺ τυγχάνεις ὁρῶν,
    ἐκεῖ. τόθεν δὲ φέγγος ἐξέλαμψέ νιν,
5   καὶ εὐφροσύνης σημεῖον ὡς στῦλος πυρός.
    ἐνταῦθα λειμῶν' εὕρομεν κατάσκιον,
    ὑγράς τε λιβάδας · δαψιλὴς χῶρος βαθύς,
    πηγὰς ἀφύσσων δώδεκ' ἐκ μιᾶς πέτρας.
    στελέχη δ' ἐρυμνὰ πολλὰ φοινίκων πέλει
10 ἔγκαρπα, δεκάκις ἑπτὰ, καὶ ἐπίρρυτος
    πέφυκε χλοίη θρέμμασιν χορτάσματα.

εἶτα ὑποβὰς περὶ τοῦ φανέντος ὀρνέου διεξέρχεται·

    ἕτερον δὲ πρὸς τοῖσδ' εἴδομεν ζῷον ξένον,
    θαυμαστὸν, οἷον οὐδέπω ὤρακέ τις.
    διπλοῦν γὰρ ἦν τὸ μῆκος ἀετοῦ σχεδὸν,
15 πτεροῖσι ποικίλοισιν ἠδὲ χρώμασι.
    στῆθος μὲν αὐτοῦ πορφυροῦν ἐφαίνετο,
    σκέλη δὲ μιλτόχρωτα, καὶ κατ' αὐχένα
    κροκωτίνοις μαλλοῖσιν εὐτρεπίζετο,
    κάρα δὲ κοττοῖς ἡμέροις παρεμφερές,
20 καὶ μηλίνῃ μὲν τῇ κόρῃ προσέβλεπε
    κύκλῳ · κόρη δὲ κόκκος ὣς ἐφαίνετο.
    φωνὴν δὲ πάντων εἶχεν ἐκπρεπεστάτην·
    βασιλεὺς δὲ πάντων ὀρνέων ἐφαίνετο,
    ὡς ἦν νοῆσαι. πάντα γὰρ τὰ πτήν' ὁμοῦ
25 ὄπισθεν αὐτοῦ δειλιῶντ' ἐπέσσυτο,
    αὐτὸς δὲ πρόσθεν, ταῦρος ὣς γουρούμενος,
    ἔβαινε κραιπνὸν βῆμα βαστάζων ποδός.
                     —Eus., ix, 29

Introd. περὶ τούτων : i. e., the waters and palms in Elim. Cf. Exod. 15:27; Num. 33:9, previously mentioned in the poem.

1. πρόσχες, *sc.* τὸν νοῦν.

2. πρὸς, κτλ. : "hard by this breezy vale": αὐτῇ is redundant in the English translation.

8. που : "perchance."

5. For εὐφροσύνης Dindorf reads εὐφρόνην.

12. ἕτερον, κτλ. : "another we saw besides these, a strange creature, wonderful, such as no one yet has beheld."

19. κόττοις : Heinichen, κοιτῆς, and Dindorf, κοττοῖς, are impossible readings.

20 f. κορή = the pupil of the eye; LS., *s. v.*, III.

27. "It marched along with steady stride."